평화와 사랑을 전한 50인의 종교 멘토

LITTLE BOOK OF BIG IDEAS
RELIGION BY DR JEREMY STANGROOM

Conceived and produced by
Elwin Street Limited
3 Percy Street
London W1T 1DE
www.elwinstreet.com

평화와 사랑을 전한
50인의
종교 멘토

초판 1쇄 2015년 7월 13일
글쓴이 제러미 스탠그룸
옮긴이 최승진
펴낸이 권경미
펴낸곳 도서출판 책숲
출판등록 제2011-000083호
주소 서울시 용산구 후암동 8
전화 070-8702-3368
팩스 02-318-1125

ISBN 979-11-86342-03-9 44200
ISBN 978-89-968087-4-9 (세트) 44080

이 도서의 국립중앙도서관 출판시도서목록(CIP)은 서지정보유통지원시스템
홈페이지(http://seoji.nl.go.kr)와 국가자료공동목록시스템(http://www.nl.go.kr/kolisnet)에서
이용하실 수 있습니다.(CIP제어번호: CIP2015014637)

*책값은 뒤표지에 있습니다.
*잘못 만든 책은 구입하신 서점에서 바꾸어 드립니다.

문명을 바꾼 발견자들

평화와 사랑을 전한 50인의 종교 멘토

제레미 스탠그룸 글 | 최승진 옮김

책숲

서문

종교에 대해 정의를 내리는 것은 정말 어려운 일이랍니다. 보통 서구의 기준에서 종교란 '신을 향한 신념과 관습'을 말해요. 이것은 세계 종교 인구의 절반 이상을 차지하는 유대교, 기독교, 이슬람교에 잘 맞는 정의예요. 그러나 이 정의는 위와 같은 아브라함 종교에 속하지 않는 다른 종교들의 경우에는 꼭 들어맞지는 않아요. 한국이나 중국, 일본의 대중적인 종교인 불교만 해도 신에 대한 명확한 개념은 없지만 분명히 종교라고 생각되거든요. 또 중국 문화 전반에 배어 있는 유교의 경우를 봐도 신은 물론 초자연적인 어떤 것도 찾아볼 수 없답니다.

그렇다면 프랑스 사회학자 에밀 뒤르켕이 내린 정의가 오히려 적합할지도 모르겠어요. 뒤르켕은 종교를 '신성한 것들과 관련 있는 모든 신념이나 관습'이라고 했어요. 물론 이 정의도 완벽하지는 않지만 적어도 신 중심의 정의보다는 종교의 포괄적인 정신에 훨씬 더 가깝다고 생각됩니다.

이 책은 세계 종교의 주요 인물 50명을 소개하고 있어요. 그들은 아브라함 종교 및 힌두교, 불교, 시크교, 유교 등 거대 세계 종교들의 선지자이자 사상가, 신학자, 지도자들이에요. 더불어 일신론이나 이신론, 경전을 포함해서 종교에 대한 이해를 도와줄 열 가지 개념들도 함께 살펴보게 될 거에요.

여러분 중에는 이 책이 어떤 기준으로 인물들을 선정했는지 궁금할 수도 있을 것입니다. 여기에 소개된 인물들은 이런저런 방식으로 수백만

세계 종교인들에게 지대한 영향을 끼친 사람들이라고 말할 수 있어요. 물론 다루지 못한 신학자나 종교 사상가들도 많이 있기 때문에 여기에 나오는 사람들이 가장 중요한 인물이라고 하지는 않겠어요.

그리고 한 가지 더 말씀드리고 싶은 것은 종교적 전통이 클수록 더 많은 지면을 할애했다는 겁니다. 약 22억 명이 믿는 유대 기독교에서 많아야 2백만 명 정도가 믿는 조로아스터교보다 훨씬 더 많은 인물들을 소개할 수밖에 없었어요.

마지막으로 많은 종교적 교리에 관한 이야기를 하고 싶습니다. 이 책은 각각의 종교들이 가진 신념을 존중하는 뜻에서 중립적인 입장을 취했어요. 각 종교가 옳다고 내세우는 주장들은 나름대로의 특수한 관습과 떨어져 생각할 수 없기 때문에 그들의 종교적 신념이 과연 옳은지, 또는 논리적으로 맞는지 검증하려고 하지는 않았답니다. 이 책은 위대한 종교 지도자들의 작은 생각 씨앗과 그들이 펼친 중요한 사상을 소개하고 우리가 살아가는 데 이러한 종교가 가지는 의미를 되새겨 보는 것에 그 의미를 두었습니다.

제러미 스탠그룸 박사

차례

힌두교

시크교

불교

다른 종교

1장

기독교

CHRISTIANITY,

나사렛 예수
사도 바울
테르툴리아누스
기독교의 교파
아우구스티누스
펠라기우스
안셀무스
성 토마스 아퀴나스
이그나티우스
마틴 루터
창조론
장 칼뱅
존 웨슬리
블레즈 파스칼
조지 폭스
쇠렌 키르케고르
구스타보 구티에레스
이신론

생각 씨앗
구원은 어떻게
이루어지는가?

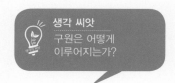

인류를 구원한 메시아 나사렛 예수

신의 아들이며, 동정녀에게서 태어났고, 인류를 죄로부터 구하기 위해 살고 죽었다는 예수 그리스도의 이야기는 그 누구보다도 잘 알려져 있어요. 그는 자신을 하느님의 아들이라고 부르며 신의 뜻을 따르는 삶을 몸소 보여주었어요. 예수는 하느님의 나라가 곧 도래할 것이니 그에 대비하라고 했지요. 이것은 회개하라는 간곡한 부탁이었답니다.

예수는 곧 다가올 하느님 나라의 백성이 되고자 하는 사람들에게 모든 것을 내려놓고 그들의 아버지인 신에게로 돌아와야 한다고 말했답니다. 또 자신을 따르는 사람들에게 개인적 충성심을 바라지 않았고, 다만 자기가 세운 본보기에 따라 살 것을 요구했어요. 여기에서 알 수 있듯이 구원을 얻기 위해 필요한 건 단지 신에 대한 믿음과 사랑이었답니다. 또한 하느님의 나라가 도래하면 현재의 질서는 모두 뒤바뀔 것이라고 주장하기도 했어요. 이것은 예수가 가난하고 빼앗긴 이들, 죄인들, 버림 받은 이들 사이에서 가르침을 전한 것에서도 알 수 있지요.

예수는 엄격한 윤리 규범을 내세웠답니다. 신의 뜻에 따라 살아야 할 뿐만 아니라 일상생활에서 이를 실천하라고 했어요. 사람들은 욕정과 증오, 간통과 폭력을 삼가야 했어요. 도덕적 순결에 대한 강조는 이혼을 간통과 같은 것으로 여긴 데에서도 확인할 수 있답니다. 이러한 도덕적 완벽주의는 종말론적 시각과도 연결되어 있어요. 유대인이든 비유대인이든 구분 없이 모든 인류의 운명이 달린 문제였던 거예요. 그러나 먼저 믿었는지 나중에 믿었는지가 중요하지는 않았어요.

> 그러나 먼저 된 자로서 나중 되고 나중 된 자로서 먼저 될 자가 많으니라. (마태복음 19:30)

나사렛 예수는 '복음'을 전하는 사람으로 묘사되고는 해요. 만인의 구원을 위해 그가 전한 복음의 핵심은 그저 하느님을 구세주로 받아들이고, 죄를 회개하라는 것이었어요. 이전까지는 선택받은 소수만이 구원을 얻을 수 있다고 믿었기 때문에, 예수가 전한 복음은 말 그대로 지극히 반가운 메시지였다고 할 수 있답니다.

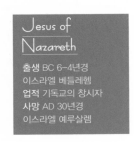

Jesus of Nazareth

출생 BC 6–4년경
이스라엘 베들레헴
업적 기독교의 창시자
사망 AD 30년경
이스라엘 예루살렘

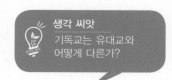

생각 씨앗
기독교는 유대교와
어떻게 다른가?

이방인을 구한 위대한 사도 사도 바울

타르수스(옛 표기는 다소)의 바울은 기독교의 출현에 있어 핵심적 인물이었답니다. 그는 끊임없이 그리스도의 복음을 전파했어요. 율법보다는 믿음을 강조했고 이방인들에게도 복음을 전하기 위해 애썼어요. 누구나 그리스도의 가르침을 받을 수 있다는 그의 신념 덕분에 기독교는 전 세계적으로 뻗어나갈 수 있었답니다.

독실한 유대교 집안에서 태어난 바울의 원래 이름은 사울이었어요. 믿기 어렵겠지만 그는 원래 기독교인들을 심하게 박해했다고 해요. 그런데 예루살렘에서 다마스쿠스(옛 표기는 다메섹)로 가는 길 위에서 신비한 종교적 체험을 하면서 바울의 삶은 완전히 뒤바뀌게 되었어요.

바울은 어쩌면 유대인과 비유대인을 가리지 않고 복음의 메시지를 전파하도록 선택된 사람이었는지도 몰라요. 그가 비유대인들에게 복음을 전파하면서 기독교가 엄청나게 성장하게 되거든요.

초기 기독교인들 사이에서는 비유대인이 기독교로 개종할 경우 할례나 식습관 따위를 기존의 유대교 율법에 따라야 한다고 주장하는 경우도 많았거든요.

바울은 유대교 율법에 상관없이 예수 그리스도에 대한 믿음과 순결한 마음 그 자체만으로도 구원을 얻을 수 있다고 주장했답니다. 이로 인해 기독교는 이스라엘의 옛 과거와 결정적으로 갈라지면서 세계 종교로 출현할 수 있는 토대를 마련했어요. 학자들은 바울이 이방인들에게 기독교를 전파하는 일이 없었더라면, 기독교는 단지 유대교 내부의 한 분파로 남았을지도 모른다고 말한답니다.

바울은 구원이 믿음에 달려 있다고 강조했어요. 하지만 그렇다고 사람들의 행위에 관심이 없던 것은 아니었어요. 실제로 그가 후세에 남긴 유산 중 일부는 꽤나 엄격한 기독교 도덕률이었답니다. 그는 이혼과 동성애를 비난했는데 그 영향은 지금까지도 남아 있어요. 포용과 사랑을 전한 사도 바울의 유산은 지금도 지구 곳곳에 퍼져 있는 기독교의 실천 속에서 빛나고 있답니다.

※ **사도** 일반적으로 사도란 어떤 특정 사상을 말로 전하는 이를 의미한다. 특히 기독교에서 사도는 예수 그리스도의 가르침과 복음을 전파하도록 명령받은 제자를 의미하기도 한다.

St. Paul

출생 서기 10년경 타르수스
업적 이방인에게 복음을 전한 최초의 사도
사망 서기 67년경 로마

생각 씨앗

성부, 성자, 성령은 어떤 관계인가?

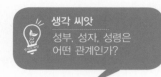

삼위일체의 수사학자 테르툴리아누스

테르툴리아누스는 기독교에 있어 가장 위대한 논쟁가이자, 훌륭한 변증론자로 알려져 있답니다. 그는 강인한 정신을 가진 기독교인이었어요. 당시 기독교는 로마 제국의 지배 아래 있었는데 테르툴리아누스는 박해 앞에서도 철저하게 자신의 신념을 지켰고, 그래서 모든 사람들의 귀감이 되었지요. 그가 내세운 '삼위일체'는 라틴 신학의 표준이 되었지요.

테르툴리아누스는 신앙에 있어서는 어떤 것과도 타협하지 않는 완고한 태도를 지니고 있었어요. 이런 태도는 그의 책에도 그대로 드러난답니다. 그가 쓴 『호교론』은 말 그대로 외부의 비난에 맞서 기독교의 진리를 변론하는 책이랍니다. 여기에서 그는 기독교인들을 억압하는 불신자들을 강하게 비판하고 있습니다.

> 우리는 말한다, 우리는 만인 앞에서 말한다, 고문으로 찢어지고 피 흘리면서 우리는 외친다, 우리는 그리스도를 통해 신을 섬긴다고.
>
> 테르툴리아누스, 『호교론』

테르툴리아누스는 기독교인들이 추궁받아야 하는 죄의 증거를 대라고 하면서 불신자들도 똑같은 죄를 지었다고 지적했지요. 기독교인

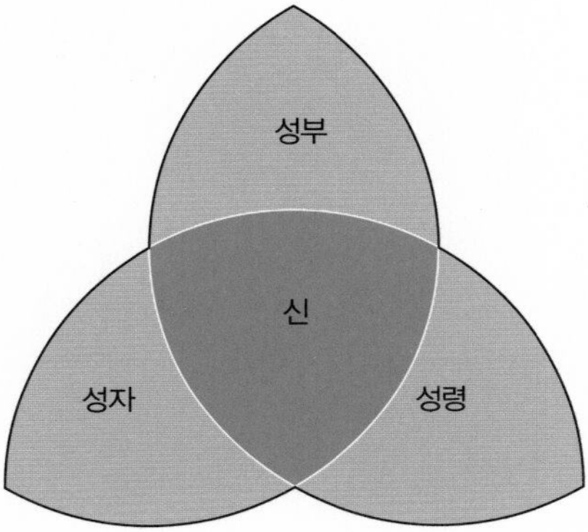

테르툴리아누스가 설명한 삼위일체란 성부, 성자, 성령을 하나로 인식하는 것으로, 기독교의 기본 사상이 되었다.

Tertullian
출생 서기 155년경 카르타고
업적 위대한 논쟁가이자 기독교 신념의 옹호자
사망 서기 220년경 카르타고

들은 오직 유일한 창조주이며 무한한 신의 존재를 믿고 있고, 그분에 대한 증거는 사람들이 입증한다고 했어요. 더구나 기독교인들은 신으로부터 성령을 받은 증거를 가지고 있는데, 그 증거는 그들의 『성경』 속에 새겨져 있다고 했어요. 그리고 신의 아들인 예수 그리스도는 기적을 행하고, 십자가에 못 박혀 죽임을 당했으며, 그후에 부활했다고 설명했어요.

테르툴리아누스는 수사학으로 가장 잘 알려져 있지만, 한편으로는 라틴어 저자로서 기독교의 삼위일체설을 최초로 언급했어요. 이는 신학 역사에서 아주 중요한 일인데 그가 내세운 '삼위일체'는 라틴 신학의 표준이 되었지요.

테르툴리아누스는 아주 엄격한 도덕규범을 내세웠어요. 그 결과 그는 정교에서 떨어져 나와 이단으로 여겨지는 몬타누스주의 운동에 몸을 담다가 나중에는 자신의 이름을 딴 새로운 종파를 형성하게 되었어요.

Christian Denominations
기독교의 교파

주변에서 흔히 볼 수 있는 교회들은 모두 기독교라는 이름 아래 하나로 여겨지고는 합니다. 하지만 실제로는 전혀 그렇지 않아요. 기독교라는 이름 아래 수많은 교파가 있거든요. 그러면 대체 무엇이 여러 교파에 속한 21억 명의 기독교인들을 하나로 규정할 수 있게 할까요? 확실한 것은 그들이 각각 이해하고 있는 그리스도의 메시지를 나름대로 전파하고 있다는 사실입니다.

역사적으로 로마 가톨릭과 개신교 사이의 분열 과정은 아주 유명하답니다. 그 뿌리는 면죄부 장사를 하던 로마 교황청을 비판한 마틴 루터의 95개조 논제와 종교개혁에 있어요. 루터는 좋은 일을 하면 구원받을 수 있다고 하는 것은 구원의 진정한 의미를 망각한 거라고 생각했어요.

면죄부 논쟁은 로마 교황청과 루터 사상의 대립 중 한 부분에 지나지 않았답니다. 처음에는 가톨릭 교회의 쇄신을 요구하며 시작되었지만 결국 루터는 로마 가톨릭과 완전히 결별하게 되었고, 프로테스탄티즘은 북유럽 전역을 휩쓸게 되었지요. 이러한 결별의 파장은 현재까지 이어지고 있어요. 북아일랜드의 종파주의적 유혈 사태는 바로 가톨릭과 개신교 사이의 역사적 분열에서 비롯된 비극적인 사례라고 할 수 있지요.

그런데 기독교의 교파적 차이가 다 이렇게 극적인 것은 아니랍니다. 정통 기독교와 꽤 멀리 떨어져 있는 교파라 하더라도 똑같이 기독교로 간주되고 있거든요. 예를 들어 1872년 피츠버그에서 설립된 여호와의 증인들은 그리스도가 십자가가 아닌 말뚝 위에서 죽었다고 하는 등 정통 기독교인들과 여러 가지 다른 믿음을 갖고 있어요. 또 퀘이커교의 경우에도 마찬가지로 정통적 믿음과 상당히 차이가 있는데도 기독교의 테두리 안에 있거든요. 퀘이커교의 창시자인 조지 폭스는 기존 신학자들을 신뢰하지 않았고 대신 직접적인 신의 계시를 강조했어요.

기독교 교파들의 전체적인 그림을 보고 있자면 정말 복잡해서 놀라지 않을 수 없어요. 재림교, 침례교, 동방정교, 퀘이커교, 말일 성도, 펜테코스트파, 감리교, 가톨릭, 성공회 등 정말 여러 교파가 있거든요. 그러면 대체 무엇이 이들을 하나의 기독교로 규정할 수 있게 할까요? 어쩌면 기독교를 설명할 때에는 한 마디로 정의하기보다는 공통으로 믿는 많은 부분, 즉 유사성이 중요한 문제일 수 있어요. 특히 예수 그리스도가 전한 교리의 핵심과 그가 보여 준 삶의 교훈이 기독교 신앙의 모태라고 볼 수 있답니다.

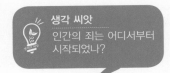

생각 씨앗
인간의 죄는 어디서부터 시작되었나?

원죄설의 신권정치가

아우구스티누스

성 아우구스티누스는 기독교 역사에서 가장 중요한 업적을 남긴 교부 중 한 사람이랍니다. 자유 의지와 원죄, 신의 은총에 대한 그의 사상은 기독교 발전에 큰 영향을 끼쳤어요. 신은 최초의 인간인 아담을 창조할 때 자유 의지를 주었지만 결국 그는 죄를 지었고 타락하게 되었다는 거예요. 그래서 인류는 이러한 '원죄'를 물려받게 되었답니다.

아우구스티누스는 엄격한 신념을 가지고 있었어요. 가령 세례를 받지 못하고 죽은 아기들은 천국에 들어가지 못하고 영원히 지옥에서 고통 받는다든지, 출산할 목적이 아니라면 성관계를 삼가야 한다고 주장했어요. 왜냐하면 도덕적인 사람들은 항상 자신의 의지를 통제할 수 있어야 하는데, 성관계는 충동적 욕망을 이기지 못한 결과라고 생각했기 때문이에요.

아우구스티누스의 신학은 세상의 창조와 인간의 몰락에 관해 구체적인 관점을 드러내고 있답니다. 최초의 인간이 죄를 지었고 그로부터 인류는 원죄를 물려받았다는 거예요. 그렇다고 해서 그는 모든 사람이 지옥에 갈 거라고 생각하지는 않았어요. 세례를 받은 이들 중 선택받은 소수는 신의 은총으로 구원을 받는다고 믿었지요. 그러나 신의 은총을 받기 위해 인간이 할 수 있는 일은 아무것도 없다고 했어요. 인간은 기본적으로 타락했기 때문에 아무리 좋은 일을 한다고 해도 원죄를 되돌릴 수는 없다는 겁니다. 다만 자비로운 신이 소수를 택해서 은총을 내리고, 신의 길을 따르는 이들만이 죽어서 천국에 갈 수 있다고 믿었지요.

이러한 아우구스티누스의 '예정설'에는 약간 의문스러운 점이 있지만 그가 기독교 사상에 미친 영향은 대단합니다. 루터파 학자 쿠르츠 박사는 아우구스티누스를 두고 '교부들 중 가장 위대하고 강력한 인물이며 서구 기독교 교리 발전의 발판을 마련하였고, 기독교에 위기가 닥칠 때마다 다시 찾게 되는 이'라고 말하기도 했어요. 하지만 아우구스티누스의 신학은 지나치게 금욕적이고 엄격해서 때로는 존경하기 힘든 사람으로 여겨지기도 합니다. 그가 살았던 시대가 비록 우리의 시대와 아주 다르다는 것을 감안한다 해도 말이에요.

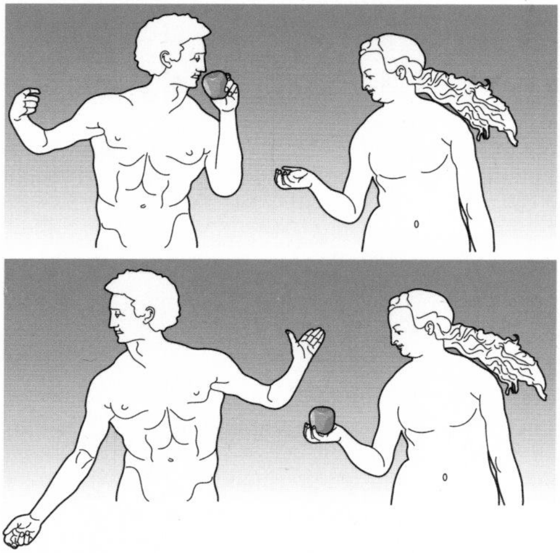

Augustine

출생 354년경 누미디아 다카스테(현재 알제리)
업적 사도 바울 이래 가장 중요한 기독교의 교부
사망 430년경 히포 레기우스(현재 알제리)

아우구스티누스는 인류가 자유 의지를 지니고 있다고 생각했다. 아담은 사과를 먹지 않고 신의 길을 선택할 수 있었지만 그는 신의 뜻을 거스르고 사과를 먹었다. 이러한 원죄를 인류가 물려받게 된 것이다.

생각 씨앗

구원은 신의 은총으로만 가능한가?

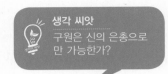

자유 의지를 중시한 이단자 펠라기우스

펠라기우스의 가르침은 더 이상 기독교 사회에서 주목받고 있지는 않아요. 그러나 서기 4세기경, 그의 비정통적 관점은 많은 추종을 받았고, 결국은 비난과 파문으로 이어졌어요. 그는 기독교 신학에 중요한 영향을 끼쳤지만 가장 논란이 많은 원죄와 인간의 자유 의지에 대한 견해 때문에 고초를 겪기도 했답니다.

원죄설은 기독교 정통 교리의 핵심이라고 할 수 있어요. 이것은 최초의 인간이 하느님의 뜻을 어긴 결과로 모든 인류가 그 죄를 물려받게 되었고 오로지 신의 은총으로만 속죄할 수 있다는 거예요. 그러나 펠라기우스는 구원을 위해서 반드시 신의 은총이 필요한가에 의문을 가졌어요. 그는 인간에게는 자유 의지가 있어서 얼마든지 바르게 살 수 있고, 스스로 끊임없이 노력하면 영생을 얻을 수 있다고 믿었지요.

이러한 펠라기우스의 믿음은 단순한 추측이 아니라 기독교인들의 도덕적 삶과 직결된 문제였답니다. 그는 4세기 말경, 로마 여행을 하던 중에 사람들의 도덕적 타락을 목격하고는 큰 충격을 받았어요. 그는 아우구스티누스가 신의 은총을 너무 강조했기 때문에 이들이 도덕적으로 타락할 수밖에 없다고 생각했어요. 즉, 아우구스티누스의 사상은 인간이 자유 의지로는 바르게 살 수 없고, 어쩔 수 없는 나약함 때문에 죄를 지을 수밖에 없음을 암시했다는 거예요. 그러나 펠라기우스는 인간에게는 선과 악을 구별하고 선택할 수 있는 능력이 있다고 주장했어요. 또 도덕적인 삶을 위해 영적 금욕주의를 내세웠지요. 하지만 그렇다고 펠라기우스가 신의 은총을 완전히 무시한 것은 아니랍니다. 그는 인류가 올바른 길을 택할 수 있도록 은총이 나타난다고 주장했어요.

아우구스티누스는 교회의 가르침 중 9가지를 어겼다고 하면서 펠라기우스의 주장을 반박했어요. 죄로부터 죽음이 발생된다는 것과 원죄를 벗기 위해서는 유아 세례가 필요하다는 것, 신의 은총 없이는 그 어떠한 선행도 있을 수 없다는 것 등이 여기에 포함되어 있었지요. 펠라기우스 역시 그의 믿음을 근거로 아우구스티누스를 반박했답니다.

그러나 결국 펠라기우스는 서기 417년 가톨릭 교회로부터 파문을 당하게 됩니다. 비록 펠라기우스는 이후의 역사 기록에서 사라졌지만 그가 의문을 품은 원죄와 자유 의지, 신의 은총에 대한 문제는 현재까지도 기독교 신학에서 핵심적인 논쟁거리로 남아 있답니다.

Pelagius

출생 354년경 영국
업적 원죄설 및 구원을 얻기 위해 신의 은총이 반드시 필요한가에 의문을 제기
사망 418년 이후 팔레스타인(추정)

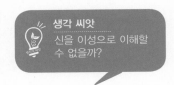

생각 씨앗
신을 이성으로 이해할 수 없을까?

스콜라 철학의 대부 안셀무스

안셀무스는 이성으로 신학적 논쟁들을 해결할 수 있다고 믿었답니다. 이성의 논리로 신의 존재를 증명하고 성부, 성자, 성령의 삼위일체를 밝히며, 또한 인간의 영혼이 영원하다는 것을 입증할 수 있다는 거예요. 그는 신에 대해 존재론적 증명을 시도했고, 이 방법은 지금까지 이어져 내려오고 있답니다.

안셀무스는 신을 믿기 위해 전적으로 합리적인 이해가 필요하다고 생각하지는 않았답니다. 하지만 그는 신의 계시를 이성으로 이해하고 싶었어요. 안셀무스는 『악의 원천에 대하여』에서 "사탄은 스스로 타락하기 전에 그 사실을 알고 있었을까?"라는 질문을 던집니다. 이어서 "사탄이 사전에 알고 있었다면, 앞으로 일어날 일을 순순히 받아들였을까?"라고 묻지요. 만약 사탄이 사전에 알고 있었다면 순순히 받아들이지 않았을 거예요. 왜냐하면 받아들이는 순간 그는 이미 타락해 있기 때문이지요. 또 사탄이 만약 앞으로의 일을 받아들이지 않았다면 굉장히 슬펐을 테지만 타락하기 이전의 사탄은 슬픔을 느끼지 않는 존재이기 때문에 이 전제 또한 불가능해요. 따라서 안셀무스는 사탄이 자신의 몰락을 사전에 알 수 없었다고 결론을 내렸답니다.

이 논증 말고도 안셀무스는 지금 보아도 꽤 유용한 논증들을 많이 내놓았어요. 『프로슬로기온』에 등장하는 신의 존재론적 증명이 가장 대표적인 예랍니다.

Anselm of Canterbury

출생 1033년 아오스타 롬바르디아
업적 이성으로 신의 계시를 입증할 수 있음을 보여 줌
사망 1109년 영국 캔터베리(추정)

1. 신은 '그 이상 더 큰 것을 상상할 수 없는 존재'로 규정할 수 있다.
2. 마음속에 존재하는 것 중 어떤 것은 현실에도 존재한다. 그러므로 신은 마음속에만 존재하거나, 또는 마음속과 현실 모두에 존재한다.
3. 마음속과 현실 모두에 존재하는 것은 마음속에만 존재하는 것보다 크다.
4. 신을 마음속에만 존재한다고 가정하면 모순에 빠진다. 신은 가장 큰 존재라고 정의했고 마음속과 현실, 양쪽에 존재하는 것이 마음속에만 존재하는 것보다 크기 때문이다.
5. 그러므로 신은 우리 마음속과 현실 모두에 존재한다.

거의 천 년 전에 나온 이 논쟁은 이후 엄청난 양의 관련 문헌들을 만들어 냈고, 오늘날까지도 계속 이어지고 있답니다. 그의 논증이 옳은가, 아닌가는 여기에서 그렇게 중요하지 않아요. 안셀무스가 남긴 가장 중요한 유산은 신학적 문제에 이성을 접목시키고 신앙에 합리적 근거를 부여하고자 한 데 있답니다.

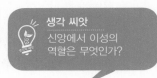

생각 씨앗
신앙에서 이성의 역할은 무엇인가?

합리적 기독교인

성 토마스 아퀴나스

많은 이들이 종교는 믿음을 기본으로 하고, 계시는 거부할 수 없는 힘을 갖고 있다고 생각해요. 그런데 이성이 종교적 믿음에 끼치는 영향력이 적다면 왜 신은 인류에게 이성이라는 능력을 주었을까요? 또 이성이 지식을 위한 성공적인 수단이 되는 이유는 무엇일까요? 중세의 위대한 신학자 아퀴나스는 신앙과 이성의 조화를 강조했어요.

아퀴나스가 얼마나 이성 안에서 종교적 문제를 해결하고 싶어 했는지는 다섯 가지 유신 논증을 보면 잘 알 수 있답니다. 그는 운동성, 인과관계성, 우연성, 완벽성, 목적성에 관한 다섯 가지 철학적 논쟁에 기초해서 신의 존재를 증명하고자 했어요. 두 번째 논증인 인과관계를 살펴보지요. 만약 내가 라켓으로 테니스공을 친다면 공은 라켓에 의해 움직인 것이고, 라켓은 내 팔에 의해 움직인 것이고, 이런 식으로 계속 원인을 찾아 거슬러 올라갈 수 있어요. 즉, 세상에 원인 없이 생겨난 일은 없답니다. 원인이 있으면 결과가 있고, 그 결과는 다시 다른 것의 원인이 되지요. 그러나 이러한 일련의 인과관계가 거꾸로 한없이 거슬러 올라갈 수는 없어요. 결국 어떤 지점에 이르면 처음에 이런 인과 과정 전체를 시작한 근원적 원인이 있어야 하니까요. 아퀴나스는 이것이 바로 신이라고 주장했답니다.

보통 추론과 연역법으로 진행되는 이러한 논증이 처음에는 그럴듯해 보이지만 과연 인과 과정을 한없이 거슬러 올라갈 수 있을까요? 최초의 근원적 원인을 신이라고 부를 수 있을까요? 현대 신학자들은 아퀴나스의 유신 논증이 신의 존재를 결정적으로 증명하지는 못했다고 대체로 인정하고 있답니다. 하지만 아퀴나스의 논증들은 종교적 신념을 뒷받침하기 위해서 이성을 활용할 수 있다는 것을 보여 준 좋은 본보기가 되었어요.

St. Thomas Aquinas

출생 1225년경
이탈리아 로카세카
업적 종교적 신념이 이성에 기반하고 있음을 보여 줌
사망 1274년
이탈리아 포사노바

아퀴나스도 나중에는 인간이 유한하기 때문에 오로지 이성을 이용해 신을 완전히 이해할 수는 없다고 생각했어요. 그러나 아퀴나스의 영향력은 실로 엄청났답니다. 그를 추종하는 사람들을 토마스주의자라고 부르는데, 이들은 기독교 신학 발전의 중심에 있었어요. 아퀴나스는 종교적 신념이 단지 믿음만을 바탕으로 하는 것이 아님을 보여 주었답니다.

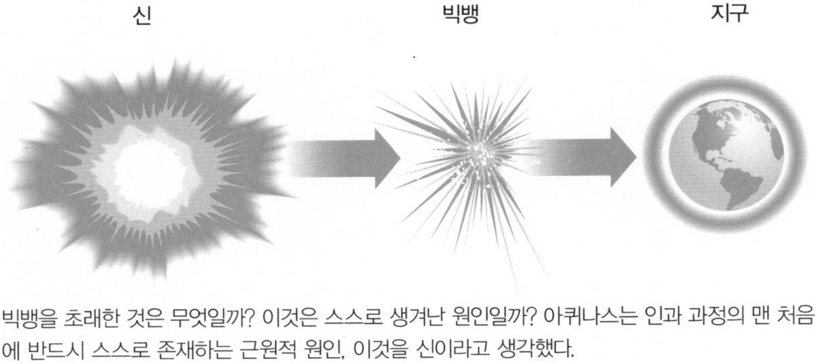

빅뱅을 초래한 것은 무엇일까? 이것은 스스로 생겨난 원인일까? 아퀴나스는 인과 과정의 맨 처음에 반드시 스스로 존재하는 근원적 원인, 이것을 신이라고 생각했다.

생각 씨앗

영적 수련 방법은
어떠해야 할까?

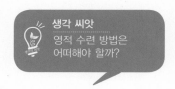

예수회를 세운 이그나티우스

이그나티우스는 『영신수련』을 통해 영적 수련 방법을 개발했어요. 그리고 1534년 가톨릭 교회의 예수회를 설립했답니다. 예수회는 『성경』과 교황의 권위에 순종할 것을 촉구했고, 종교개혁에 적극적으로 반대했어요. 그 영향력은 지금까지 이어져 현재 2만 명이 넘는 회원을 보유한 가톨릭 안에서 가장 큰 남자 수도회가 되었답니다.

이그나티우스는 1522년 스페인 만레사의 한 동굴에서 지내며 엄청난 영적 체험을 하게 됩니다. 금욕적인 생활을 하던 중에 여러 환영을 목격했는데 그중 하나가 바로 그의 인생 최대의 종교적 체험이었던 거예요. 그는 정확한 내용을 밝히지는 않았지만 신의 참모습을 목격했다고 생각했던 것 같아요. 이그나티우스는 모든 것을 새롭게 보게 되었고 만물에 신이 존재한다는 결론에 이르렀어요. 이맘때쯤 그는 명상록과 기도, 영적 활동들을 모은 『영신수련』이라는 책을 썼어요.

이그나티우스는 이러한 영적 수련을 '양심을 검토하고 통성기도와 묵상기도 등 모든 방법으로 갖가지 애착을 없애 영혼을 준비시키고, 영혼의 구원을 위해 자기 삶에 대한 신의 의지를 찾고자 하는 것'이라고 설명하고 있어요. 그는 자신이 이해한 『성경』의 내용과 직접적인 영적 체험을 바탕으로 수련 내용을 개발했어요. 이그나티우스의 수련 방법은 신을 찬양하고, 신을 향해 살아갈 수 있도록 지적이면서도 감성적인 방법으로 접근하고 있답니다.

이그나티우스는 사제가 되기 위해 공부를 하던 중에 자격이 없이 사람들에게 설교했다는 이유로 두 번이나 체포되었어요. 이때는 1478년에 시작된 스페인 종교재판이 한창 진행되던 시절이었답니다. 특히 이그나티우스처럼 많은 추종자들을 가진 종교 교사들은 누구나 의심을 받았어요. 그의 추종자들 중에는 프란시스코 사비에르, 베드로 파브르, 알폰소 살메론, 디에고 라이네즈, 니콜라스 보바디랴, 시몬 로드리게스 등이 있었답니다.

1534년 이그나티우스는 이 여섯 명과 함께 교황이 내리는 임무는 무엇이든 수행하기로 서약한 예수회를 설립합니다. 이 수도회의 목표는 예수회 회원들과 전 인류의 구원이었어요. 이그나티우스는 예수회의 초대 총장으로 선출되었고 전 세계 예수회 활동을 위해 남은 일생을 바쳤답니다.

예수회를 통한 이그나티우스의 헌신적 태도는 다음과 같이 전하고 있어요. "우리는 교회가 그렇게 결정하기만 한다면 하얗게 보이는 것일지라도 실제로 검은 것이라고 믿을 준비가 항상 되어 있어야 한다."

Ignatius Loyola

출생 1491년
스페인 바스코
업적 영적 수련 방법을 개발하고 예수회를 설립
사망 1556년 로마

생각 씨앗

인간이 면죄부를
줄 수 있는가?

교황에 맞선 개혁가

마틴 루터

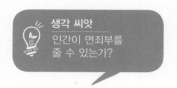

> 마틴 루터는 종교개혁으로 잘 알려져 있을 거예요. 그는 교황의 권위보다 『성경』이 더 우위에 있다고 주장했어요. 신의 도우심과 함께 선행을 하면 의로움을 얻을 수 있다고 하는 이전의 교리를 부정하고, 의로움은 오직 믿음을 통해 허락된다고 생각했지요. 즉, 구원은 노력해서 얻을 수 있는 것이 아니고 예수 그리스도를 통해 주어지는 신의 은총이라고 주장했답니다.

젊은 시절의 마틴 루터는 자신이 구원받을 수 있을지에 대해 굉장히 불안해했다고 해요. 불안이 더 심해져 그는 신 앞에서 자신을 죄인처럼 여기고, 신을 미워하는 지경에까지 이르게 되었어요. 하지만 루터는 열정적으로 연구한 끝에 결국 구원은 신의 은총에 의해서만 가능하다는 새로운 깨달음을 얻게 되었지요. 그는 『로마서』 서문에 '믿음이란 너무나도 확실해서 자신의 인생을 천 번이라도 걸 수 있을 만큼 신의 은총에 대한 담대하고도 살아 있는 확신'이라고 밝혔답니다.

구원에 대한 새로운 해석 때문에 루터는 가톨릭 교회와 마찰을 빚게 되었어요. 1517년 출간된 『95개조 논제』에서는 로마가 면죄부를 발행할 권리가 없다고 주장했답니다. 이 논제는 널리 읽혔고, 특히 가난한 자들과 로마에 막대한 자금을 대고 있던 지역 정부의 호응을 얻었어요. 면죄부를 반대한 마틴 루터의 주장은 아주 간단했는데, 『성경』 어디에도 교황이 면죄부를 발행할 권리가 없다는 거였어요. 교황의 권위보다 『성경』을 우선시한 거죠.

Martin Luther

출생 1483년
독일 아이슬레벤
업적 종교개혁을 이끌어 냄
사망 1546년
독일 아이슬레벤

그런데 루터와 로마 교황청 사이의 의견 충돌은 면죄부 논란이 전부가 아니에요. 루터는 개인과 신의 중간에서 사제들이 갖는 중재 능력도 부정했답니다. 루터는 기독교인의 자유란 결국 신의 은총을 통한 구원 속에만 있다는 것을 강조했어요.

하지만 루터는 근대 윤리적 기준으로는 용납하기 힘든 관점을 보이기도 했어요. 예를 들어 유대교를 아주 싫어해서 유대교 회당을 불태우고 유대인들의 터전과 재산을 전부 몰수하는 게 좋다고까지 했답니다.

그럼에도 불구하고 기독교 역사에서 루터의 업적을 부정할 수는 없어요. 루터는 종교개혁의 시발점이 되었을 뿐만 아니라, 현재 약 7천만 명 정도의 신도를 보유한 루터 교회의 뿌리가 되었으니까요.

※ **종교개혁** 16세기 가톨릭 교회를 개혁하기 위한 운동으로 서유럽 전역에 개신교 신앙이 등장하게 된다. 이후 개신교 세력 확장을 막기 위해 가톨릭 내부에서도 개혁과 구조 조정을 내세운 반종교개혁이 이어졌다.

Creationism
창조론

창조론이라는 용어는 흔히『성경』의 창세기에 적힌 바와 같이 세상이 신에 의해 창조되었다는 믿음을 말합니다. 이것은 보통 다윈의 진화론과 함께 언급되곤 해요. 대부분의 창조론자들은 진화론을 다루는 과학 정통주의를 무모하고 형이상학적 자연주의에 뿌리를 둔 것이라며 비판한답니다. 창조론자들은 모든 만물이 신으로부터 비롯되었다고 믿어요.

근대의 창조론은 주로 북미 대륙에서 과학과 세속주의가 종교적 영역을 파고들기 시작한 18~19세기쯤 등장했답니다. 미국에서의 창조론은 19세기 말에 발생한 기독교 근본주의와 아주 관련이 많아요. 보수적 개신교도들은 합리주의와 근대성이 성서의 권위를 침해한다고 생각했고, 창조론 운동을 이끌어 내게 되었어요.

근본주의 운동이 힘을 얻어 가면서 학교에서 진화론을 가르치는 것을 축소시키기 위해 주 정부 차원에서 많은 압력이 가해졌답니다. 1925년 교사 존 스코프스는 진화론 강의를 금지한 테네시 주의 법을 위반한 죄로 기소되기도 했어요. 비록 스코프스가 재판에서 지긴 했지만 후에 이 사건은 기독교 근본주의에 있어 참사로 여겨지게 되었지요.

근대의 물결 아래 기독교 근본주의가 전반적인 압박을 받기 시작하는 1930~1940년대에 이르자 창조론 논쟁은 미국 대중들의 관심 밖으로 밀려나게 됩니다. 실제로 진화론 강의를 금하던 테네시 주의 법은 1967년 폐지되고 말았어요. 하지만 창조론과 기독교 근본주의가 정치권과 여론에 다시 고개를 들기 시작한 것도 이즈음이랍니다.

창조론은 여러 가지 얼굴을 가지고 있어요. 창세기에 적힌 대로 지구와 지구 생명체 전부가 몇천 년 전 창조되었다고 주장하는 '젊은 지구 창조론'도 있고, 진화의 과학적 설명을 대부분 인정하면서 그 과정에 신이 개입했다고 주장하는 '점진적 창조론', 그리고 최근에는 생명체의 오묘한 복잡성을 염두에 둘 때 자연계에는 지적 존재를 생각하지 않을 수 없다는 '지적 설계론'도 있답니다.

창조론자들은 학교에서 과학이 어떻게 교육되고 있는지, 인류의 기원에 관한 창조론적 설명에 얼마나 많은 시간이 할애되는지에 지속적으로 관심을 두고 있어요. 비록 관련된 재판에서 패배하는 경우가 많았지만요.

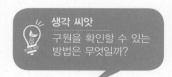

생각 씨앗
구원을 확인할 수 있는 방법은 무엇일까?

운명 예정설의 신학자 장 칼뱅

16세기 종교개혁의 중심에 있었던 개신교 신학자 칼뱅은 인간은 신에게 절대적으로 의존할 수밖에 없다고 믿었답니다. 신은 조물주이자 만물의 지배자일 뿐만 아니라 우리의 운명이 전적으로 신의 손에 달려 있기 때문이라는 거예요. 그래서 신의 은총에 의해 운명적으로 선택받은 자만이 영원한 구원을 얻게 된다고 주장했답니다. 이것을 칼뱅의 '운명 예정설'이라고 해요.

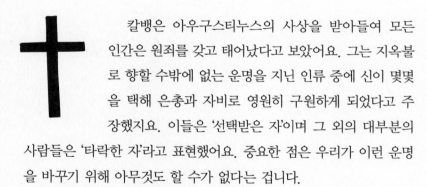

칼뱅은 아우구스티누스의 사상을 받아들여 모든 인간은 원죄를 갖고 태어났다고 보았어요. 그는 지옥불로 향할 수밖에 없는 운명을 지닌 인류 중에 신이 몇몇을 택해 은총과 자비로 영원히 구원하게 되었다고 주장했지요. 이들은 '선택받은 자'이며 그 외의 대부분의 사람들은 '타락한 자'라고 표현했어요. 중요한 점은 우리가 이런 운명을 바꾸기 위해 아무것도 할 수가 없다는 겁니다.

칼뱅주의 교리에 따르면 한 사람이 구원을 받을 수 있는지 없는지는 전적으로 신의 선택에 달려 있어요. 일단 선택받은 자는 결코 신의 은총을 잃을 수 없고, 타락한 자들은 아무리 선한 삶을 산다 해도 절대로 영원한 구원을 얻을 수 없다고 했어요.

운명 예정설 신학의 쟁점은 내가 선택받은 자인지 아닌지 어떻게 알 수 있는가 하는 겁니다. 이에 대해 칼뱅은 '신이 내린 소명을 다했

칼뱅의 운명 예정설에 따르면 선택받은 자들에게는 영원한 구원이 있으며, 타락한 자들에게는 영원한 지옥으로 향할 운명이 지워졌다.

John Calvin

출생 1509년
프랑스 피카르디 누아용
업적 근대 사상의 형성에 중대한 영향을 끼친 운명 예정설을 펼침
사망 1564년
스위스 제네바

는가' 하는 것으로 확인할 수 있다고 대답했어요. 다시 말해 하느님의 말씀에 따라 온전히 바른 삶을 살았다면 이를 구원의 증거로 받아들여도 좋다는 말이지요.

칼뱅의 신학이 마틴 루터와 같은 다른 개혁가들의 사상과 아주 다르지는 않지만, 예정된 운명과 소명의 충족을 중시한 그의 사상은 근대 세계의 형성에 중대한 영향을 끼쳤답니다. 사회학자 막스 베버는 자본주의가 근면성실, 절약, 절제 등에 관한 칼뱅주의 사상으로부터 등장했다고 주장했어요.

칼뱅은 인간의 정신적 능력으로는 근본적인 종교적 진리에 다다를 수 없다고 생각했어요. 그저 이 땅에 도래할 하느님의 나라를 위해 세상에서 자신을 헌신하는 것이 중요하다고 강조했어요. 이렇게 보면 칼뱅의 가르침은 머리로 이해되어야 할 신학이라기보다는 기독교인들의 삶을 위한 지침서에 더 가깝다고 볼 수 있어요.

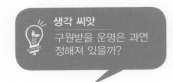

생각 씨앗
구원받을 운명은 과연 정해져 있을까?

감리교의 창시자 존 웨슬리

1730년대에 존 웨슬리는 옥스퍼드 대학교에서 종교 학회인 '신성 클럽'을 이끌었어요. 이곳의 회원들은 교리 연구와 기도에 헌신했는데, '감리교도(Methodist)'라는 이름은 '체계적(methodical)'인 연구에 열심이어서 얻은 별명이었다고 해요. 이들은 감옥의 수감자들에게 읽기를 가르치거나 구직을 돕고 가난한 이들을 위한 구호 활동에도 적극적이었어요.

1738년 존 웨슬리는 종교적 계시를 체험하고 누구에게나 구원이 이루어질 수 있다고 생각했어요. 웨슬리가 받은 계시의 의미를 이해하려면 먼저 칼뱅의 사상을 살펴볼 필요가 있어요. 칼뱅주의에서 구원이란 신이 선택받은 소수에게 내리는 선물이고, 운명은 예정되어 있기 때문에 선택받은 자나 선택받지 못한 자들이 운명을 바꾸기 위해 할 수 있는 게 아무것도 없다고 말합니다. 그런데 웨슬리는 예수 그리스도에 대한 믿음만으로도 신의 은총을 받아 구원을 얻을 수 있다고 주장했어요. 이는 선택받은 소수가 아니라 모두에게 구원의 가능성이 열려 있다는 의미지요.

이후 웨슬리는 복음을 전파하며 자신이 깨달은 구원의 의미를 사람들에게 전했고, 감리교 조직의 규칙을 만들었어요. 그의 설교는 유명해졌고, 사람들은 큰감동을 받았지요. 킹스우드의 광부들은 그의 메시지를 듣고 한결같이 눈물을 터트렸다고 해요. 하지만 웨슬리의 이런 생각과 움직임을 모두 다 좋아했던 것은 아니랍니다. 특히 당시 기성 교회들은 그를 위험한 대중 선동가라고 비판했어요.

웨슬리는 노예 무역을 반대한 것으로도 잘 알려져 있어요. 그렇다고 그를 정치적 혁명가로 볼 수는 없어요. 역사가들은 종종 그의 사상이 프랑스 대혁명과 나폴레옹 전쟁 등 어려운 시기에 노동자 계급을 조용히 지내게 하는 데 일조했다고 말해요. 한편 초기 사회주의자들도 구원이 모두에게 열려 있고 신 앞에서는 모든 이가 평등하다는 웨슬리의 보편주의적 메시지에 공감했어요. 실제로 20세기 영국 노동당 소속 정치가인 모건 필립스는 영국 사회주의가 마르크스주의보다도 감리교 사상에 더 많은 영향을 받았다고 말했어요.

웨슬리는 일기에서 이렇게 썼어요. "나는 그리스도를 믿는다고, 그리스도만을 믿는다고 느꼈다. 그러자 그는 나의 죄를 사해 주셨고, 나를 죄와 죽음으로부터 구해 주셨다는 확신이 들었다."

John Wesley

출생 1703년 영국 엡워스
업적 감리교 운동의 창시자
사망 1791년 영국 런던

생각 씨앗
신은 존재하는가,
존재하지 않는가?

위대한 지식인

블레즈 파스칼

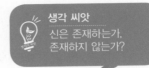

신앙이 합리적임을 입증하려고 한 파스칼의 내기는 유명하답니다. 신은 존재하든지 존재하지 않든지 둘 중 하나인데, 이 피할 수 없는 존재론적 딜레마에 대해 어떤 식으로든 결정을 내려야 한다고 그는 생각했어요. 파스칼의 지적 활동은 종교적 변증론에 그치지 않고 과학과 수학 분야에서도 주목할 만한 발자취를 남겼답니다.

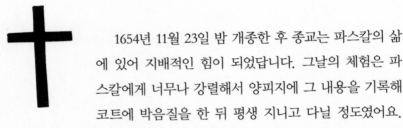

1654년 11월 23일 밤 개종한 후 종교는 파스칼의 삶에 있어 지배적인 힘이 되었답니다. 그날의 체험은 파스칼에게 너무나 강렬해서 양피지에 그 내용을 기록해 코트에 박음질을 한 뒤 평생 지니고 다닐 정도였어요. 그전까지 그는 수학과 물리학에 심취해 있었지만 이후 종교에 관해 연구하기 시작했지요. 그가 쓴 『시골 친구에게 보내는 편지』는 가톨릭 예수회의 사상에 대한 도전장이었답니다. 그는 예수회가 정치적 이익을 위해 성서의 진실을 왜곡했다고 주장했어요.

파스칼은 성 아우구스티누스의 영향을 받아서 오로지 신의 은총을 통해서만 구원받을 수 있다고 생각했어요. 그에게 있어 신의 은총이란 신으로부터 축복받은 이들이 항상 신의 길을 따르는 것을 말합니다. 또한 칼뱅의 운명 예정설도 믿었어요.

파스칼이 쓴 기독교를 위한 변증서는 그가 죽은 후『팡세』로 묶여 출간되었지요. 신의 존재에 관한 '파스칼의 내기'는 특히 유명해요. 만약 신이 없다면 신의 존재를 믿든 믿지 않든 잃을 것이 거의 없어요. 그러나 신이 있다면 신의 존재를 믿을 때에는 많은 것을 얻지만, 그 반대의 경우에는 아무런 보상을 얻을 수 없죠. 따라서 파스칼은 신이 존재한다고 믿는 쪽이 이득이며 그에 맞게 행동하는 것이 타당하다고 결론지었지요.

이 내기는 신의 존재에 관한 논증이 아니라 정확히 말하면 신앙의 합리성에 대한 논증이에요. 특히 신의 존재에 대해 확신이 없는 사람들을 위한 것이었지요.

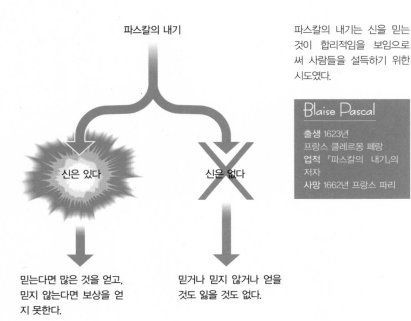

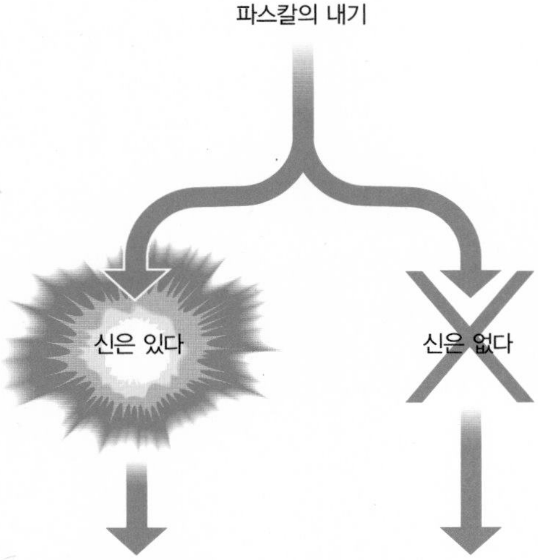

믿는다면 많은 것을 얻고, 믿지 않는다면 보상을 얻지 못한다.

믿거나 믿지 않거나 얻을 것도 잃을 것도 없다.

파스칼의 내기는 신을 믿는 것이 합리적임을 보임으로써 사람들을 설득하기 위한 시도였다.

Blaise Pascal

출생 1623년
프랑스 클레르몽 페랑
업적 『파스칼의 내기』의 저자
사망 1662년 프랑스 파리

생각 씨앗
신성은 어디에 존재하는가?

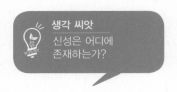

직접 계시를 강조한 조지 폭스

조지 폭스는 퀘이커교라는 새로운 기독교 교파를 등장시킨 인물이에요. 퀘이커교는 모든 사람들 안에 아주 조금이라도 신이 존재하고 있으며, 따라서 모두 선(善)의 가능성이 있다는 믿음을 갖고 있어요. 퀘이커교는 오랫동안 평화주의를 표방하고 민권 운동을 이끌었으며 노예제 폐지를 주장하기도 했어요.

조지 폭스는 17세기 영국의 성직자들에게 실망했고, 신의 뜻을 이해하기 위해 기성 교회나 성직자들을 찾아갈 필요가 없다는 생각을 하게 되었어요. 폭스는 여러 가지 계시를 경험했는데, 인간이 지어 놓은 교회 안에는 신이 없으며 기성 사제들은 참된 신앙을 가지고 있지 않다는 것, 내재된 그리스도의 영혼으로 사람들을 이끄는 것이 자신의 개인적 소명이라는 것 등이었지요.

"나는 이것들을 그 어느 인간의 도움이 없이, 비록 문자로 적혀 있었으나 문자의 도움도 없이, 주 예수 그리스도의 빛 안에서 곧 오실 그의 영혼과 권능을 통해 보았다."

1647년 폭스는 자신의 뜻을 대중에게 알리기 시작했어요. 초기에 폭스를 따르던 사람들이 종교적 열정으로 몸을 떨었기 때문에 퀘이커교라고 불리게 되었답니다. 폭스는 기성 종교가 악하며 내면의 빛을 통해 직접 계시를 받아야 한다는 교리를 가르쳤어요. 또한 종교적인 권위를 삼가야 한다고 했고 전쟁과 노예제를 반대하는 등 여러 가지 구체적 신념들을 전했답니다. 한편 공개적으로 종교 지도자들을 반박했고 종교적 의례나 십일조를 거부하는 등 기성 종교와 마찰을 빚었어요. 결국 그는 일생 동안 여덟 차례나 투옥되었답니다. 그러나 그럴수록 퀘이커교는 더욱 성장했고 조직적 기반을 마련하게 되었지요. 폭스는 종교적 표현의 자유를 허용하도록 법체계를 바꾸려고 노력했는데, 그가 죽기 직전인 1689년에 영국 관용법이 통과되었답니다.

George Fox
출생 1624년
영국 페니 드레이튼
업적 퀘이커교의 창시자
사망 1691년 영국 런던

'종교 친우회'라 불리는 퀘이커교는 지금도 활발하게 활동하고 있어요. 조지 폭스의 가르침은 아직도 퀘이커교 안에서 중요하게 여겨지고 있답니다.

※ **퀘이커교** 기성 종교 질서에 대한 불만으로 인해 17세기 영국에서 시작되었다. 평화주의를 지향하고 개인의 신념과 내적 계시에 따라 살아가고 경배할 권리를 주장한다.

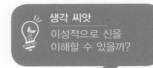

생각 씨앗
이성적으로 신을
이해할 수 있을까?

종교적
실존주의자

쇠렌 키르케고르

쇠렌 키르케고르는 신과 신앙을 이성으로 명료하게 이해할 수 없다고 주장했어요. 그는 종교의 영역이 합리적 이해를 넘어선 범주에 있고, 신앙은 믿음의 도약을 통해 이루어진다고 보았지요. 그에게 있어 신앙은 단지 교리의 문제가 아니라 개별적이고 주관적인 열정을 의미했어요. 참된 신앙은 어렵게 얻어지지만 자유와 참된 자아를 발견하게 한다고 생각했지요.

키르케고르는 기독교인들이 신성과 인성을 동시에 지닌 예수를 경배하는 것이 이성적으로 생각하면 모순이라고 생각했어요. 이 믿음을 정당화하기 위한 어떠한 합리적 논증이나 증거를 제시할 수 없었지요. 그는 신을 이성으로는 알 수 없으며 오로지 헌신만이 가능하다고 보았어요. 키르케고르는 『두려움과 떨림』에서 『성경』에 등장하는 아브라함과 이삭을 연구해 이것이 윤리적으로 어떤 의미를 지니는지 상세히 설명하고 있어요.

『성경』의 창세기에 보면 신이 아브라함에게 아들인 이삭을 죽이라고 명령합니다. 이 명령에 따르기 위해서는 보통의 도덕 범주를 완전히 넘어서야 해요. 아버지가 아들을 죽여야 하니까요. 다른 예를 하나 더 생각해 보도록 하지요. 어느 군대 사령관이 전투에서 승리하기 위해 부대 하나를 없애야 하는 상황에 처해 있어요. 이 부대에는 자기의 아들도 있어요. 이 또한 도덕적 딜레마를 갖고 있지만 어떠한 결정을 내리든 이 사령관은 다른 이들이 납득할 만한 이유를 댈 수 있어요. 하지만 아브라함의 경우는 상황이 다르답니다. 그는 단순히 위로부터 내려온 명령에 따라야만 해요. 즉, 아브라함이 행해야 하는 일은 어떤 말로도 다른 이들에게 정당화할 수 없을 뿐 아니라 스스로에게조차 설명할 수 없어요. 중요한 건 오로지 신에 대한 절대적 헌신뿐인 거예요.

그런데 참된 신앙이 그렇게 어렵게만 얻어지는 것이라면 누가 굳이 그런 길을 갈까요? 키르케고르는 오직 신앙을 통해 절망을 극복할 수 있고, 신에게 의존함으로써 자유를 얻고 참된 자아를 찾을 수 있기 때문이라고 답했어요.

이러한 종교적 신념에서 생기는 문제점 중 하나는 허무주의나 파시즘으로 변질될 가능성이 있다는 거예요. 볼테르가 말했듯이 너무나 끔찍한 일들이 신앙의 이름 아래 정당화되고는 하니까요. 그렇지만 종교 사상가이자 철학자로서 키르케고르의 중요성은 의문의 여지가 없답니다.

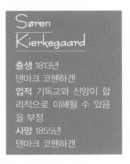

Søren
Kierkegaard

출생 1813년
덴마크 코펜하겐
업적 기독교와 신앙이 합리적으로 이해될 수 있음을 부정
사망 1855년
덴마크 코펜하겐

생각 씨앗
신앙을 사회적 맥락에서 본다면?

해방 신학자

구스타보 구티에레스

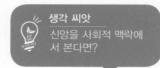

구티에레스는 『해방 신학』이라는 종교적으로 획기적인 책을 남긴 인물입니다. 그는 신학이 시대의 흐름과 함께 가야 하며, 당대의 사회적 상황을 비추어야 한다고 주장했어요. 즉, 신학은 구체적인 역사적 맥락과 상황 속에서 이해되어야 한다는 거예요. 그는 『성경』을 기본으로 기독교적 실천을 고민했고 비판적으로 인간의 삶을 성찰했어요.

구티에레스는 신앙에 사회적 맥락이 담겨 있어야 하며 삶의 도전에 응할 준비가 되어 있어야 한다고 보았어요. 종교가 정치 사회와 분리되어 있다고 여긴 많은 정통 신학자들과는 다르게 구티에레스는 사회적 이슈들을 신학에 비추어 검토해야 한다고 생각했지요. 그는 『역사 속 빈민의 힘』을 통해 신학적 순간이란 믿음으로 받아들인 주님의 말씀과 실제로 만나는 구체적인 실천이며 그로부터 이어지는 비판적 성찰이라고 밝혔답니다.

구티에레스의 급진적 성향은 남미의 여러 지역에서 빈곤층들이 겪던 비참한 가난을 실제 경험한 데에서 비롯되었어요. 기독교 신앙을 가진 자라면 정치 사회적 영역에서도 능동적으로 정의를 추구해야 한다고 그는 믿었지요. 신학은 이 세상이 더 나아지도록 변화시킬 책임이 있다는 거예요. 그는 세상이 변해 가는 것을 그저 지켜보는 게 아니라 그 변화 과정의 일부가 되고자 했답니다.

또한 구티에레스는 해방을 위한 투쟁이 구원을 위한 노력과 관련 있다고 주장했어요. 『해방 신학』에서 그는 신에게 귀의하는 해방의 세 가지 형태를 언급했어요. 그것은 경제적 박탈과 착취로부터의 해방, 운명론으로부터의 해방, 그리고 죄로부터의 해방이었답니다. 가혹한 현실을 앞에 둔 사람들에게 이 같은 것들이 구원의 과정이라고 하면 쉽게 공감할 수 있겠지요. 구원을 단순히 개인의 영적 문제로 맡겨 두지 않고 특정한 역사적 조건과 밀접한 관련이 있다고 인정한 거예요.

해방 신학은 정말 많은 비판을 견뎌 왔어요. 특히 기독교 신학이 아니라 정치적 목적에 더 초점을 맞춘 것 아니냐는 지적이 많았지요. 해방 신학자들은 폭력을 옹호하고 마르크스주의적 취향을 가지고 있다는 혐의도 받았답니다. 역사가 해방 신학을 어떻게 판단할지는 알 수 없지만 구티에레스의 해방 신학은 20세기 신학에서 가장 주목받는 사상 중 하나입니다.

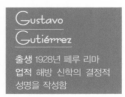

Gustavo
Gutiérrez

출생 1928년 페루 리마
업적 해방 신학의 결정적 성명을 작성함

Deism
이신론

이신론(理神論)이란 오로지 이성의 힘으로 신의 존재를 알 수 있다는 입장입니다. 우리가 신을 아는 데 있어 계시는 전혀 상관이 없다는 것이지요. 또한 이신론자들은 천지 창조 후 이 세상을 스스로 잘 운행되도록 해 놓고 신이 모습을 감췄다고도 생각해요. 이신론은 인격신 사상과도 통합니다.

이신론은 과학과 이성의 힘에 대한 확신이 커져 가던 17세기 후반 영국에서 유행했어요. 처음 주창자는 에드워드 허버트였는데, 그는 인류가 태초부터 선천적으로 신에게 종교적 관념들을 받았다고 주장했어요. 여기서 종교적 관념이란 신을 믿고자 하는 기질, 경건함과 미덕의 삶을 살면서 신을 경배하는 것, 내세에 대한 믿음, 인생을 어떻게 살았는가에 따라 상벌이 달라진다는 것 등을 말해요. 허버트는 이런 것들이 모든 종교 교리의 중심에 있다고 생각했답니다.

앤서니 콜린스와 매슈 틴들 등 허버트의 뒤를 잇는 이신론자들은 신앙이 이성을 근간으로 한다는 허버트의 주장을 대체로 존중했어요. 또 성서가 종교적 진리를 담고 있다는 생각을 부정했고, 신의 존재에 대한 증거가 대체 무엇인지 물었답니다. 이에 대해서는 우주의 질서정연한 본질이 제시되고는 했어요. 위대한 프랑스 이신론자 볼테르는 아이작 뉴턴이 성공적으로 설명해 낸 질서와 규칙성 속에 우주가 신성함의 흔적을 남겨 둔 것이라고 주장하기도 했지요.

이신론자들은 종교적 극단주의에 단호하게 반대했는데 볼테르도 가톨릭 교회가 권력을 폭력적으로 남용하고 있다고 생각하고 맞서 싸웠어요. 이신론자들이 온건과 절제를 중시한 것은 이러한 생활태도가 이성적인 노력으로 유지될 수 있다고 믿었기 때문이랍니다.

이신론은 현재까지 이어지고는 있지만 불완전해요. 구체적으로 어떤 신앙이 이성으로 뒷받침된 것인지 이신론자들은 끝까지 의견을 모을 수 없었고, 우주 보편적인 신앙의 요소들이 존재한다는 것도 역사 인류학적 지식의 발달로 반증되었답니다.

2장

이슬람교

ISLAM

무함마드
알리
아부바크르
시아파와 수니파
이븐알샤피이
이븐시나
가잘리
이븐루시드
이븐알아라비
일신교
이븐타이미야
무함마드 알와합
무함마드 이크발
사이드 쿠틉
아야톨라 호메이니

생각 씨앗
알라만이
유일한 신이다!

이슬람의 예언자 무함마드

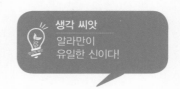

무슬림 신앙의 위대한 예언자인 무함마드는 이슬람교의 창시자예요. 632년 마지막 설교를 통해 그는 알라를 경배하고, 다섯 가지 일일 기도를 외우며, 라마단에 금식하고, 자선세인 '자카트'를 내라는 엄격한 규율을 가르쳤어요. 또 성지 순례인 '하지'를 권했고 무엇보다 모든 무슬림은 형제이며 모두 평등하다고 강조했답니다.

무함마드는 천사 가브리엘에게 중요한 종교 사상을 전해 받았다고 해요. 이것은 이슬람교의 경전인 코란으로 기록되었답니다. 유대교나 기독교에서도 이와 유사한 내용이 있지요. 무함마드는 알라가 유일하고 영원한 신이며 전지전능하고 자비로우면서도 공정하다고 가르쳤어요. 그래서 알라를 섬기고, 바르게 살아가며 모두가 잘살 수 있도록 애써야 한다고 주장했답니다. 알라는 아랍어로 '하나님', '신'이라는 뜻이지요.

그러나 무함마드가 보기에 사람들은 거의 그렇게 살지 못하고 있었어요. 특히 알라만을 믿고 경배해야 하는데 다른 여러 신을 믿는 죄를 짓고 있다고 생각했어요. 기독교에서 예수를 신격화한 것처럼 아랍의 다신론자들은 여러 천사들에게 신성을 부여했기 때문이에요. 무함마드는 세상의 신은 오로지 알라뿐이며 바르게 살지 않으면 내세에 벌을 받을 거라고 말했지요. 그는 종교 생활에 필요한 엄격한 규율들을 미리 정해 놓고 가르쳤어요. 또한 경건한 마음으로 착하게 사는 것 말고는 그 누구도 다른 이보다 우월하다고 내세울 게 없다고 했어요. 결국 알라 앞에서 모든 행동에 책임을 져야 한다는 것을 기억하라는 거죠.

무함마드는 상당한 반대에 맞서야 했어요. 성전(聖戰)이라는 뜻의 '지하드'라는 말에서도 알 수 있듯이 코란에는 투쟁 의식이 분명하게 드러나 있어요. 지하드가 정확하게 무엇인지에 대해서는 학자들 사이에서도 의견이 나뉜답니다. 하지만 확실한 것 한 가지는 특정한 상황에서 신자가 자신의 땅에서 쫓겨났을 때 불신자들에 대한 폭력을 허용하고 있다는 거예요.

코란 전체에 나타나 있는 무함마드 사상은 정치적 성격이 뚜렷하답니다. 신은 정의의 편이며 억압받는 자들과 함께한다고 했지요. 또 물질적 불평등을 비난하고 모든 무슬림들에게 가난한 이들을 위해 구호금을 내라고 했답니다. 실제로 어떤 면에서 코란은 정치적인 전단지 같기도 해요. 마이클 쿡이 지적했듯이 코란은 독특하게도 정치적인 의미가 담겨 있어요. 그래서 유일신 알라에 대한 믿음은 당시 종교적 억압에 대항한 신자들의 승리, 즉 혁명이라고 볼 수도 있답니다.

Muhammad

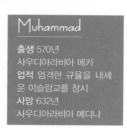

출생 570년
사우디아라비아 메카
업적 엄격한 규율을 내세운 이슬람교를 창시
사망 632년
사우디아라비아 메디나

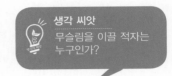

> **생각 씨앗**
> 무슬림을 이끌 적자는 누구인가?

시아파 지도자 알리

알리는 이슬람교를 창시한 무함마드의 가장 가까운 친척이었어요. 그래서 무함마드가 죽자 알리가 초대 무슬림 칼리파가 되어야 한다고 생각하는 사람들이 있었어요. 그들은 무함마드도 그것을 원했다고 믿었지요. 왜냐하면 무함마드가 메디나로 마지막 여행을 하는 중에 자신을 지지하는 것은 알리를 지지하는 것과 마찬가지라고 말했기 때문이었어요.

알리를 지지하는 사람들이 있었지만 초기 이슬람 공동체는 아부바크르를 초대 칼리파로 선출하게 됩니다. 하지만 문제는 여기서 끝나지 않았어요. 싸움을 어떻게든 피하고 싶었던 알리는 아부바크르의 지도권을 인정했지만 주변 사람들은 무함마드의 직계 후손이 무슬림 사회를 이끌어야 한다는 생각을 버릴 수 없었답니다.

656년, 3대 칼리파였던 우스만이 암살되면서 당시 이슬람 세계의 중심이었던 메디나 시는 혼란의 도가니에 빠졌어요. 알리는 이때 다시 기회를 얻었지요. 시이스 또는 시앗 알리라 불리던 알리의 지지자들은 그에게 지도권을 잡으라고 재촉했어요. 하지만 알리는 우스만의 죽음을 이용하는 것처럼 보일까 봐 처음에는 망설였다고 해요. 그러다가 결국 알리는 4대 정통 칼리파가 되었답니다.

우여곡절 끝에 알리의 시대가 열렸지만 불행히도 폭력과 내전이 끊이질 않았어요. 무함마드의 직계 후손이 무슬림 공동체를 이끌어야 한다는 애초의 생각이 불안하던 정국을 더욱 악화시켰던 거죠. 무함마드가 끊고자 했던 부족 간 다툼이 다시 수면 위로 떠올랐어요. 무함마드의 동료였던 탈하와 주바이르는 무함마드의 미망인 아이샤를 등에 업고 알리에게 맞서 반란을 일으켰어요. 또한 우스만의 사촌이었던 다마스쿠스의 총독 무아위야 우마야드도 알리에게 도전했어요. 어느 쪽도 결정적인 승리를 거두지 못한 채 군사적 대치가 오래도록 이어졌어요. 알리는 절충안을 찾으려 했지만 점점 대중들의 지지와 영토를 잃어갔지요. 결국 이라크 중부와 남부의 영토 중 일부만 남게 된 661년, 알리는 쿠파 모스크에서 불만을 품은 카리지파 지지자의 손에 암살당했답니다.

알리가 죽은 후 그를 지지하던 사람들은 다른 무슬림과 결별하고 시아파로 불리게 되었어요. 시아파는 알리가 무함마드 다음으로 '알라의 벗'이라는 지위를 갖게 되었다고 말한답니다. 그러나 안타깝게도 시아파와 수니파 사이의 불화는 지금도 여전히 계속되고 있어요.

Ali

출생 599년경
사우디아라비아 메카
업적 이슬람 시아파의 등장을 이끌어 냄
사망 661년경
이라크 쿠파

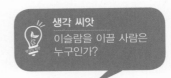

생각 씨앗
이슬람을 이끌 사람은 누구인가?

초대 칼리파 아부바크르

632년 6월 8일, 무함마드의 죽음은 초기 무슬림 공동체 움마를 이끌고 계승할 다음 지도자가 누가 되어야 하는지에 대한 숙제를 남겼어요. 결국 사키파에서 열린 회의에서 무함마드의 가까운 조언자였던 아부바크르를 선택했답니다. 그는 온건하고 경건했으며 천재적인 군사 전략가였어요. 무함마드도 생전에 그를 '항상 진실을 말하는 자'라는 의미로 '알 시디크'라고 불렀어요.

아부바크르가 칼리파가 된 후 지금까지 안타깝게도 무슬림 공동체는 분열이 계속되고 있답니다. 수니파가 아부바크르의 승계를 정당하다고 받아들인 반면 시아파는 예언자 무함마드의 정당한 후계자는 알리라고 생각한 거죠. 이렇게 견해가 달랐던 건 사키파 회의를 서로 다르게 받아들였기 때문이에요. 수니파는 정당하게 무함마드의 측근들이 모여 의논하고 아부바크르를 지도자로 결정했다고 생각했어요. 반면 시아파는 아부바크르가 이슬람의 지도권을 가지려고 음모를 꾸몄다는 거예요. 회의가 진행 중일 때 알리와 무함마드의 다른 가족들은 장례를 준비하고 있었고, 회의 자체가 제대로 알려지지 않아서 소수의 무슬림들만 참여했다는 것이지요.

아무튼 알리도 아부바크르의 지도권을 인정했어요. 아부바크르는 뛰어난 군사 지도자로 아라비아 반도 내에 남아 있던 이슬람 반대

세력을 완전히 제거했다고 기록에 전하고 있어요. 그는 내부의 여러 분쟁을 진압할 수밖에 없었어요. 632년과 633년 사이에는 거짓 선지자들을 제거하기 위한 배교 전쟁을 치르기도 했답니다.

Abu Bakr

출생 573년
사우디아라비아 메카
업적 초대 무슬림 칼리파
사망 634년
사우디아라비아 메디나

아라비아 반도에서 반대 세력을 진압하고 나서 아부바크르는 정복 전쟁에 나서게 되었어요. 일부 학자들은 이것을 아랍권에서 칼리파의 통치권을 굳히기 위한 것으로 보기도 해요. 아부바크르는 100년 이내에 세계에서 가장 큰 제국 중 하나가 될 이슬람 시대를 열었답니다.

※ **칼리파** 이슬람 공동체 지도자의 칭호로 특히 무함마드를 즉시 승계한 네 명의 정통 칼리파들을 이르는 말이다. 칼리파는 종교 지도자이지만 무함마드가 이미 이슬람의 진리를 완성했기 때문에 교리를 전파하는 역할은 하지 않았다.

Shia Isiam and Sunni Isiam
시아파와 수니파

이슬람교의 특징 중 하나는 여럿으로 나뉜 것인데 특히 수니파와 시아파 사이의 분열이 가장 중요합니다. 이것은 누가 무함마드를 계승해 초대 칼리파가 될 것인지에 대한 논쟁에서 시작되었어요. 시아파는 무함마드의 가장 가까운 친척인 알리가 그 자리에 올랐어야 한다고 생각했어요. 그러나 수니파가 지지하는 아부바크르가 첫 칼리파에 선출되었지요.

시아파는 알라 이외의 신은 없고 무함마드는 '알라의 사자(使者)'이며 알리는 '알라의 벗'이라고 신앙 선언을 한답니다. 따라서 첫 칼리파도 알리가 돼야 한다고 생각했지만 아부바크르가 선출되었어요. 무함마드가 죽기 며칠 전부터 아부바크로가 기도를 주도하고 있었고, 그래서 무함마드가 인정한 인물처럼 보였기 때문이라고 시아파는 생각했어요.

알리는 무함마드가 죽은 후 거의 24년이 지나서야 칼리파 자리에 오르게 된답니다. 그의 지배는 상대적으로 짧았고 무아위야가 칼리파 자리를 계승했어요. 무아위야가 죽고 나서는 그의 아들 야지드가 스스로 칼리파라고 선포했지요. 그러자 알리의 아들 후세인이 야지드에 대항해 반군을 조직해 싸웠고 결국 수적 열세에 밀려 카르발라 전투에서 패하고 맙니다. 야지드에 대항한 후세인의 투쟁과 그의 순교는 시아파 이슬람에 있어서 중요한 사건이에요. 열두 번째 시아파 지도자 무함마드 알마흐디는 얼마 되지 않아 종적을 감추었고 873년 이후 무함마드의 직계는 끊기게 됩니다. 시아파는 그가 죽은 게 아니라 은신한 것이고 세상의 끝이 다가

오면 다시 나타나 정의로운 통치를 펼칠 거라고 믿고 있어요.

수니파와 시아파 모두 이슬람 교리의 중심에 있는 신앙 고백과 기도, 자선, 단식, 그리고 성지 순례를 의미하는 '하지', 이 다섯 가지 원칙에 동의한답니다. 그러나 이들은 코란의 일부를 다르게 해석하고 있으며 시아파는 다른 형태의 하디스를 갖고 있어요. 또 시아파 이슬람에서는 수니파와 달리 순교가 강조돼요. 그래서 이란 혁명 시기에 아야톨라 호메이니의 투쟁을 카르발라 전투에서의 후세인 투쟁과 연결시켜 비슷하게 설명하고는 해요.

많은 이슬람 학자들은 무슬림을 하나로 만들기 위해 노력해 왔어요. 1959년, 카이로의 아즈하르 수니파 신학교의 셰이크 샤투트는 시아파의 사상이 수니파와 마찬가지로 종교적으로 옳다는 내용의 칙령을 발표하기도 했답니다.

※ **하디스** 예부터 전해 내려오는 무함마드의 말과 행동을 기록한 것으로 무슬림으로 어떻게 살아가야 하는지를 규정하는 중요한 지침으로 여겨진다.

생각 씨앗
율법의 근거를
어디에서 찾을까?

이슬람 율법의 법학자

이븐알샤피이

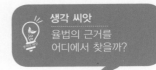

이븐알샤피이는 지금까지도 지배적인 이슬람 율법 샤리아의 네 학파를 세운 창립자 중 하나랍니다. 샤피이의 사상은 이전부터 있었던 율법을 기반으로 당시의 현행법을 받아들였고, 나중에는 그를 따르고 추종하는 사람들에 의해 계속 발전되었답니다.

이븐알샤피이가 처음에 영향을 받은 사람은 법학에서 말리키 학파를 세운 말리크 이븐아나스였답니다. 그러나 메디나의 법과 종교적 관습이 나타나 있는 '순나'의 종교적 중요성을 두고 샤피이는 스승과 의견을 달리하게 되었지요. 그는 하나의 도시를 본보기로 한 순나보다는 이슬람 율법의 근원인 하디스가 더 중요하다고 주장했어요. 하디스는 전해 내려오는 예언자 무함마드의 말과 행동을 담고 있지요. 그러나 샤피이는 하디스가 있는 그대로 권위를 갖는다고 믿지는 않았어요. 모든 하디스는 무함마드 시절로 거슬러 올라가서 다시 꼼꼼하게 검토해 봐야 한다고 주장했어요. 정말 신앙이 깊은 무슬림들을 위한 것으로 이루어져 있는지 확인할 필요가 있다는 거였지요. 그러자 이슬람 학자들은 어느 하디스가 역사적으로 사실이고 사실이 아닌지 고려하기 시작했답니다.

Ibn al-Shāfi'i

출생 767년
팔레스타인 가자
업적 초기 이슬람 법학자
사망 820년 이집트

샤피아는 이슬람 율법이 예언자 무함마드의 말과 행동을 따라 만들어져야 한다고 생각했어요. 또 모든 무슬림들은 무함마드가 살았던 삶과 비슷하게 살아야 할 의무가 있다고 보았답니다. 그는 이슬람 율법에서 두 가지를 더 부수적으로 인정했어요. 하나는 '끼야스'라는 것인데 현행법에서 새로운 율법을 개발해 내기 위한 논증이었고, 또 다른 하나는 이슬람 공동체가 합의한 '이즈마'예요. 끼야스는 이슬람 율법을 근대적 상황에 맞도록 만든 것이지요. 이렇게 샤피이는 이슬람 율법이 체계적으로 발전하도록 그 틀을 마련했어요.

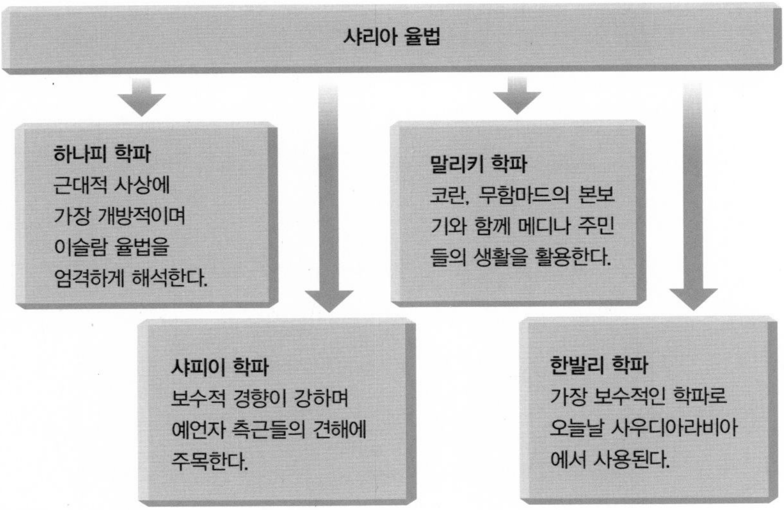
샤리아 율법
하나피 학파
근대적 사상에 가장 개방적이며 이슬람 율법을 엄격하게 해석한다.
말리키 학파
코란, 무함마드의 본보기와 함께 메디나 주민들의 생활을 활용한다.
샤피이 학파
보수적 경향이 강하며 예언자 측근들의 견해에 주목한다.
한발리 학파
가장 보수적인 학파로 오늘날 사우디아라비아에서 사용된다.

샤리아 율법은 네 학파인 하나피, 말리키, 샤피이, 한발리로 나뉜다. 이 학파들은 각기 다른 가르침과 신념을 지니고 있다.

생각 씨앗

모든 필연의 처음은 무엇일까?

이슬람 철학자

이븐시나

서구 세계에 아비센나라는 이름으로 알려져 있는 이븐시나는 파라비와 같은 이슬람 전통 안에 신플라톤주의 사상가들의 통찰력을 바탕으로 신과 존재에 관한 체계적인 이론을 개발했답니다. 그는 우주가 무에서 창조된 것이 아니라 신의 신성한 본질로부터 시작되어 필연적으로 존재한다고 생각했어요. 다시 말해 신은 순수 지성이고, 절대적 제1원리라는 것이지요.

이븐시나의 신의 존재에 관한 증명을 살펴보면 아리스토텔레스의 전통을 따르고 있음을 알 수 있어요. 즉, 존재란 필연이거나 우연, 둘 중 하나라는 거예요. 존재하지 않는 '가능 세계'가 없을 때에는 필연적으로 존재하고, 그 반대의 경우에는 우연히 존재한다고 했지요. 이븐시나의 주장에 따르면 모든 우연한 것들은 궁극적으로는 필연성을 함께 생각해야 한다는 거예요. 만약 반드시 존재할 필요가 없다면 그것이 왜 존재하는지 설명할 이유도 없어요. 결국 다른 우연한 존재들의 본질적인 원인이 되어 줄 수 있는 것, 스스로 존재할 이유를 가진 필연적 존재가 있어야 하는데, 그는 이것이 바로 신이라고 주장했답니다.

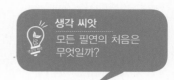

또한 이븐시나는 우주가 신의 본질로부터 시작되어 필연적으로 존재한다고 생각했어요. 현실에 존재하는 모든 것들을 논리적으로 이어

가다 보면 바로 신에 도달한다는 거예요. 그는 세상에 대한 우리의 지식이 궁극적으로 신에게 달려 있다고 주장했답니다. 또 인류의 지식은 신과 직접적으로 연결된 보다 높은 지성, 즉 능동적 이성으로 드러난다고 말했지요.

Ibn Sina

출생 960년 이란 부하라
업적 이슬람과 헬레니즘 철학을 접목.
사망 1037년 이란 하마단

이븐시나는 의학과 철학, 종교 사상에 크게 공헌했고, 이슬람 세계에서 높이 존경받는 인물이자 전근대 시대의 가장 위대한 사상가 중 한 사람으로 여겨집니다.

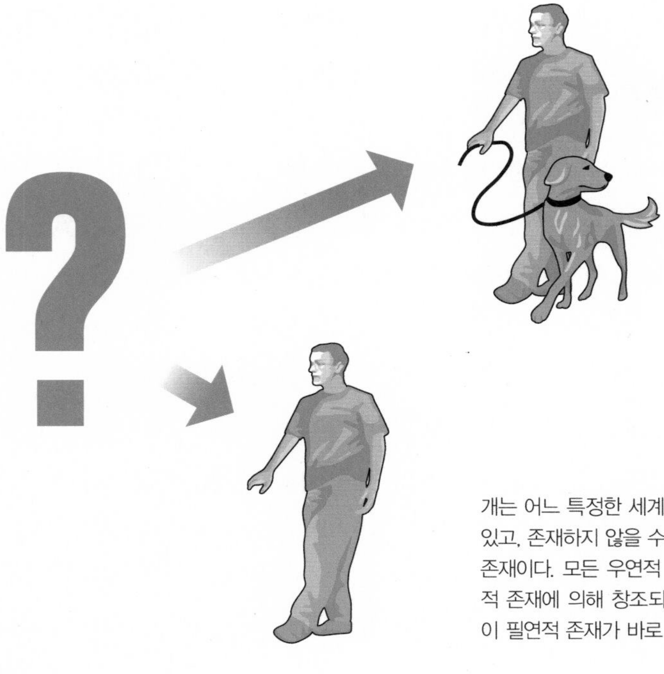

개는 어느 특정한 세계에 존재할 수도 있고, 존재하지 않을 수도 있는 우연적 존재이다. 모든 우연적 존재들은 필연적 존재에 의해 창조되었어야 하는데, 이 필연적 존재가 바로 신이다.

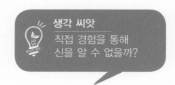

생각 씨앗
직접 경험을 통해
신을 알 수 없을까?

수피파
신비주의자

가잘리

아부 하미드 알 가잘리는 당대에 '이슬람의 증명'이라는 별명으로 불렸고, 위대한 무슬림 지식인을 꼽으라면 아마도 맨 앞에 서 있을 겁니다. 그는 철학, 신학, 법학뿐만 아니라 이슬람 신비주의 전통인 수피즘까지 모두 연구했어요. 그가 쓴 책에서는 인간과 신의 관계, 그리고 이슬람 의례와 관습이 정당하다고 밝히고 있지요.

가잘리의 연구에 동기 부여가 됐던 것은 당시의 통념이었어요. 보통 신을 이해하려면 기존의 신학이나 철학적 방법으로 해야 한다고 생각했고, 직접 경험을 통해서는 신을 알 수 없다고 했지요.

11세기 『철학자들의 모순』이라는 책에서 가잘리는 아리스토텔레스적 논증법을 통해 종교적 진리에 다다를 수 있다고 생각한 이븐시나와 같은 이슬람 학자들을 강하게 비판했어요. 가잘리는 수피즘적 경향을 갖고 있었어요. 그래서 어떤 신비한 정신 상태에 들어서야 신성을 엿볼 수 있다고 믿었어요. 가잘리는 신비주의자들이 환상이나 말로만 그런 게 아니라 실제로 신을 경험했다고 인정했답니다. 그래서 어떻게 하면 직접 경험과 신비주의의 길을 통해 신을 아는 경지에 이를 수 있을지 깊이 생각했어요.

가잘리는 신을 직접 알 수 있는 가능성은 영혼의 영적 자질에 따

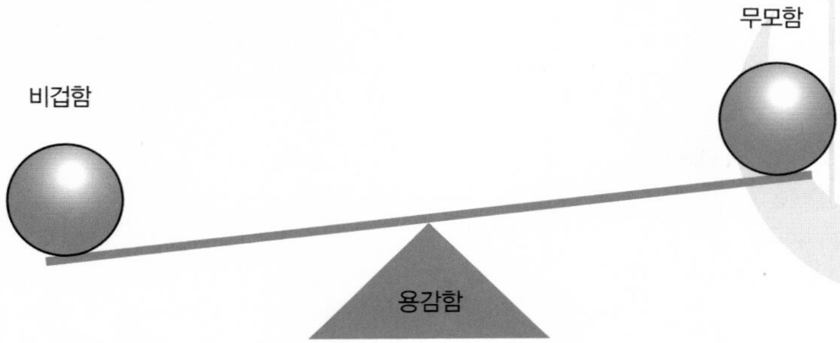

중용의 원칙이란 모든 덕목이 한쪽은 모자라고, 한쪽은 지나친 두 극단 사이에 존재한다는 것이다. 예를 들어 용감함은 비겁함과 무모함 사이에 있다.

라 달라진다고 봤어요. 일반적으로 영혼은 물질 세계에 대한 강한 애착 때문에 변질되곤 해요. 따라서 그는 기도와 종교 의례를 통해 영혼을 구하고 신성한 소통의 가능성을 열어야 한다고 생각했어요. 그는 인간 행동이 지나쳐서도 안 되며 부적절하게 온건해서도 안 된다는 아리스토텔레스의 '중용'을 따랐답니다. 선한 무슬림이라면 분노나 욕심 때문에 불법적이고 비난받을 만한 행동을 삼가야 하며 음식, 위생, 취침, 기도 등에 관한 샤리아 율법을 잘 따라야 한다고 주장했어요. 그래야 사랑, 절제, 지혜, 정의 같은 가치를 받아들일 수 있다고 여겼지요. 그러면 신에게 올바르게 다가갈 수 있다고 믿었답니다.

가잘리는 이슬람의 관습이 단지 그때그때의 행동을 규제하는 것에 그치는 게 아니라 분명한 의미와 목적을 지닌다고 설명했어요. 가잘리의 영향력은 지금까지 이슬람 사회에 강하게 남아 있답니다.

Al-Ghazzāli

출생 1058년 이란 투스
업적 수피즘을 이슬람 정통 세계관에 통합시킴
사망 1111년 이란 투스

생각 씨앗
종교 문제를 철학적으로 이해한다면?

철학의 옹호자 이븐루시드

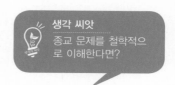

이븐루시드는 라틴어로 아베로에스로 알려져 있어요. 그는 평생 동안 이슬람교에서 철학을 배제하려는 압박과 맞서 싸웠답니다. 당시에는 종교 문제를 철학적으로 사색하는 것이 비종교적이라고 생각했어요. 하지만 그는 오히려 종교를 철학적으로 이해하는 것이 신의 명령이라고 주장했답니다. 코란 또한 철학적으로 여러 가지 해석이 가능하다고 보았지요.

앞선 시대의 가잘리는 이븐시나 같은 철학자들의 이론에 논리적 모순이 있으며 반이슬람적이라고 생각했어요. 특히 세계가 영원하다는 주장을 반박했는데, 그 근거로 내세운 것이 신은 세상을 창조했듯이 다시 파괴하는 것도 얼마든지 가능하다는 거예요. 가잘리는 이런 주장을 『철학자들의 모순』에 담았고, 이에 대응하여 이븐루시드는 『모순의 모순』이라는 책에서 변론을 펼쳤어요.

이븐루시드는 신의 주체성이라는 개념을 설명하면서 가잘리가 신을 마치 사람처럼 시간의 제약을 받는 주체로 생각하는 오류를 범했다고 비판했답니다. 사람은 무엇을 하기로 결정하고도 원한다면 미룰 수도 있고, 시작했다가 잠깐 멈출 수도 있어요. 하지만 신은 모든 시간에 존재하기 때문에 전혀 다르다는 거예요. 시간을 구별할 필요가 없는 신에게 일을 미룬다는 개념은 있을 수가 없지요. 게다가 신은 어떤 일을 할 때 아무런 장애가 없어요. 애초부터 신은 완벽하고 변치 않기 때문에 어떤 적당한 시기를 기다렸다가 세상을 창조했다는 것은 말이 안 돼요. 사실 신이 사람처럼 욕구를 가진다는 생각 자체가 모순이랍니다.

Ibn Rushd

출생 1126년
스페인 코르도바
업적 철학이 이슬람 신앙과 양립할 수 있다고 주장
사망 1111년
모로코 마라케시

이븐루시드의 철학적 사색이 전부 다 변론으로 채워져 있는 것은 아니에요. 그는 이 세상이 인류가 살아가는 데 아주 좋은 환경으로 되어 있고 모든 생명체가 완벽하게 설계되어 있다는 사실이 바로 신이 존재한다는 증거라고 주장했어요. 또한 이븐루시드는 비종교 분야에 있어서도 영향력 있는 책들을 남겼답니다. 그가 번역하고 주석을 단 아리스토텔레스에 관한 책들은 서구 세계에 아리스토텔레스를 다시 소개하는 역할을 했고, 오늘날까지도 존경받고 있어요. 이븐루시드의 노력이 특별히 성공하지는 못했지만 상당한 반대에도 불구하고 종교 문제를 철학적 이성으로 변론했다는 점은 우리가 기억할 만합니다.

※ **신의 주체성** 신이 어떤 행동을 하고, 선택을 내리며, 스스로 창조한 세계에 관여할 수 있는 능력을 말한다. 이 문제는 순식간에 복잡한 논쟁들로 이어지는데 만약 신이 완전히 선한 존재라면 그가 취할 수 있는 행동의 범위는 어디까지일까?

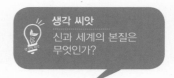

생각 씨앗
신과 세계의 본질은 무엇인가?

수피파 범신론자 이븐알아라비

'위대한 스승'이라고 알려진 이븐알아라비는 아마도 이슬람 신비주의 사상의 최고 자리에 있을 거예요. 하지만 그의 책은 정말 이해하기가 쉽지 않고 여러 가지 다른 해석이 가능해요. 그 이유는 아랍어 번역이 어렵기 때문이기도 하지만 이븐알아라비의 사상이 워낙 복잡한 데다가 근대적 감수성과는 동떨어져 있기 때문이랍니다.

이븐알아라비가 생각한 이슬람교의 중심 원리는 신이 무한하며 전지전능하고 변치 않는다는 거예요. 하지만 우리의 일상생활과 신과의 관계를 따져 보면 문득 의문이 생길 수 있어요. 신은 어떻게 자신은 변화하지 않으면서 세상의 변화에 대해서는 전부 알 수 있을까요? 이븐알아라비는 이에 대해 일상 세계 전부가 신의 일부라고 답했답니다. 우리의 세계는 신 그 자체라는 것이지요. 따라서 겉으로 보이는 세상의 분열, 긴장, 모순 등도 그저 현실의 한 단면이고, 그 모든 곳에 신이 존재한다고 주장했답니다.

이러한 사상 때문에 이븐알아라비는 범신론자로 취급되기도 합니다. 하지만 이슬람 학자들은 단지 범신론이라고 하기에는 이븐알아라비의 사상이 훨씬 더 복잡하다고 말해요. 문제는 그의 정확한 생각을 가늠하기가 힘들다는 거예요. 그는 우주 전체를 신 이외의 다른 것으로 설명할 수 없다고 했어요. 그는 '존재의 일체성'을 주장했는데 이것은 온전한 하나의 현실이 그것을 이루는 부분들의 합보다 훨씬 크기 때문에 개별적인 것이 어떻게 보이든지 상관없이 그 전체, 즉 신 말고는 어떤 것도 될 수 없다는 의미랍니다.

이븐알아라비는 참된 진리에 이르는 여러 길을 신비주의적 전통의 입장에서 설명했어요. 그에 의하면 지식에는 이성적 지식, 경험적 지식, 신적 지식이라는 세 가지 수준이 있답니다. 이븐알아라비는 인간이 이 신적 지식을 노력으로 얻을 수는 없다고 했어요. 그것은 받을 준비가 되어 있는 자들에게만 드러난다고 했지요.

이븐알아라비는 아직까지 철저히 연구되지 않아서 그 중요성을 평가하기는 힘들어요. 신비주의적 경향 때문에 이븐알아라비를 배교자로 여기는 사람들도 있지만, 반면에 어떤 사람들은 그의 가르침을 따르고 선지자로 기리고 있답니다.

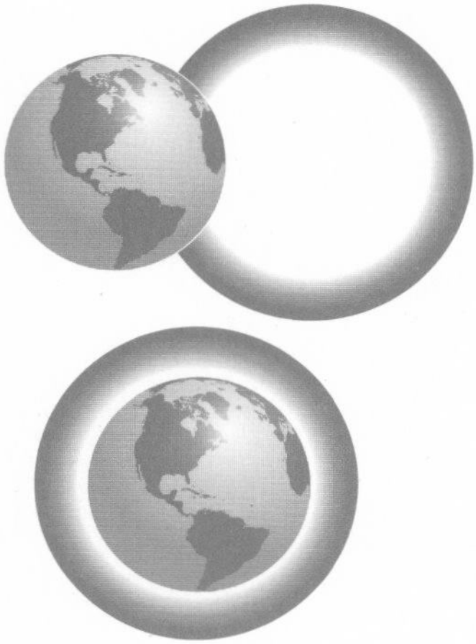

Ibn al - Arabi

출생 1164년
스페인 무르시아
업적 가장 위대한 수피파
신비주의 사상가
사망 1240년
시리아 다마스커스

이븐알아라비는 신은 모든 곳에 존재하며 일상 세계는 신의 일부라고 했다. 동시에 신은 우리 세계와는 별개이며, 세상의 변화와는 상관없이 변하지 않는 상태를 유지하고 있다고 했다.

Monotheism
일신교

일신교는 신은 오로지 하나뿐이라는 신념입니다. 일신교의 신은 현실과 전적으로 구분되어 있어요. 어떻게 보면 일신론은 두 가지의 현실을 갖고 있는 셈입니다. 신과 관련된 것, 그리고 그 나머지로 말이지요. 세계의 거대 일신교인 유대교, 기독교, 이슬람교는 모두 창조주인 하나의 신을 믿는답니다.

태초에 하느님이 천지를 창조하시니라 땅이 혼돈하고 공허하며 흑암이 깊음 위에 있고 하느님의 영은 수면 위에 운행하시니라(창세기 1장 1–2절)

일신교의 신은 천지창조 후에도 모습을 감추지 않고 신성한 의지로 창조물들을 지켜보며 지속적으로 관여를 해요. 여기서의 신은 인류의 삶에 관심을 가지는 인격신이랍니다. 또한 모든 도덕 체계의 근원이며 그가 창조한 이들에게 영생을 줄 수 있는 권능을 갖고 있어요. 때때로 일신교는 배타적이라고 여겨지기도 해요. 십계명은 여호와의 탁월함을 선언하며 시작되는데, 다른 하위 신들의 존재를 명확히 부정하지는 않지만 여호와만이 진실한 신이라고 강조하고 있답니다.

일신론의 교리를 최대로 활용하는 종교는 이슬람입니다. 이슬람의 다섯 원칙 중 첫 번째는 알라 이외의 다른 신은 없으며 무함마드는 그의 마지막 전달자라는 거예요. 이건 아주 엄격하게 지켜야 한답니다. 많은 무슬림들은 성부, 성자, 성령의 삼위일체 사상을 지닌 기독교를 다신교라고 여기고 있어요. 무슬림에게 다신교는 최악의 배교랍니다. 와하브파에 따르면 알라 이외에 다른 여러 신을 믿는 것은 생존권과 재산권을 포기하는 거나 마찬가지라고 해요.

일신론과 관련해서 자주 등장하는 몇 가지 문제가 있어요. 이 중 가장 흥미로운 건 선악과 관련된 문제로 '신정론'이라고 불립니다. 전지전능하고 완벽하게 선한 신과 세상 도처에 존재하는 악을 어떻게 같이 생각할 수 있는가 하는 문제이지요.

만약 신이 유일한 창조주라면 악은 대체 어디서 생겨난 것일까요? 여기에 대해 완벽하게 만족스러운 답은 아직 없어요. 이 문제로 신학자들은 천 년 넘게 골머리를 앓고 있답니다. 제시된 답 중 하나는 기독교의 사탄이나 조로아스터교의 아리만과 같이 사악한 일을 대행하는 존재들이 있다는 거예요. 하지만 이 또한 악의 문제를 해결하는 해답이라고 하기에는 명확하지 않답니다.

생각 씨앗
코란을 어떻게
해석할 것인가?

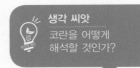

코란을 따르는 전통주의자 이븐타이미야

코란을 글자 그대로 해석하고 따라야 한다는 이븐타이미야의 주장은 당대뿐만 아니라 이후 많은 무슬림들에게 영향을 주었답니다. 그는 무함마드와 처음 3세대의 무슬림들이 세우고 실천해 온 이슬람의 참된 원형을 훼손하는 모든 것들에 맞서 싸웠어요. 그는 오로지 계시를 통해서만 신의 계획을 알 수 있다고 주장했답니다.

이븐타이미야는 싫어하는 것이 명확했어요. 몽골족, 수피파, 대부분의 종교 사당들, 시아파, 그리고 코란의 은유적 해석 등이 여기 포함됐지요. 그는 신이 세상에 대해 세운 계획은 계시를 통해서만 알 수 있다고 주장했어요. 또 인간의 이성은 코란과 순나를 잘 이해하기 위해 필요하다고 보았지요. 이븐타이미야는 종교 문제를 검토하기 위해 철학적 방법을 사용한 이븐시나와 같은 이슬람 철학자들을 비판했어요. 그는 철학적 사색이 아니어도 신을 이해할 수 있다고 보았답니다. 또 신은 경전에 묘사된 그대로, 그리고 예언자가 순나에 묘사한 그대로여야 한다고 생각했어요. 따라서 코란에 신이 왕좌에 있다고 했다면 말 그대로 신은 왕좌에 앉아 있는 거라고 믿었지요.

이븐타이미야가 이슬람 종교 철학자들만 비판한 건 아니랍니다.

그는 신비주의에 빠진 사람들과 수피즘에도 쓴소리를 아끼지 않았어요. 신비주의에 빠진 사람들은 격한 감정에 홀려 있다고 했어요. 신비주의자들은 감정이 고조된 상태에서 겪은 일을 참된 것으로 생각하는데, 그것은 계시가 아닌 감정에서 나온 것이기 때문에 믿을 수가 없다는 거죠. 그래서 코란과 순나를 통해서만 신에 대한 진리와 무슬림의 책임을 알 수 있다고 주장했답니다.

역설적이지만 이븐타이미야는 이러한 코란 문자주의 때문에 이단으로 몰리게 되었어요. 그는 신의 손, 발, 얼굴 등이 인간의 것과 같다는 '신인동형론' 죄로 고발당했어요. 이븐타이미야는 비정통적이고 도발적인 관점 때문에 수차례 투옥되었으며 결국 감옥 안에서 죽게 된답니다.

비록 이븐타이미야의 사상이 당시 종교 당국에는 주목받지 못했지만 대중들 사이에서는 상당한 지지를 받았어요. 특히 그는 미래를 위해 중대한 유산을 남겼지요. 바로 무함마드 알와합에게 큰 영향을 끼친 거랍니다. 알와합은 근대 이슬람 근본주의 등장에 결정적 역할을 하는 18세기 무슬림 부흥주의 설교자였어요.

Ibn Taymiyya

출생 1263년
터키 하란
업적 이슬람 철학과 신비주의 양쪽 모두를 비판
사망 1328년
시리아 다마스커스

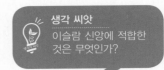

생각 씨앗
이슬람 신앙에 적합한
것은 무엇인가?

순수한 이슬람 옹호자

무함마드 알와합

와하비즘의 창시자인 무함마드 알와합은 이슬람교가 외부의 영향으로 타락했다고 생각했어요. 그래서 이슬람교를 원래의 순수하고 깨끗한 상태로 되돌리기 위해 가르침을 전하기 시작했어요. 그는 쇄신을 뜻하는 '비드아'를 통해 타락한 이슬람의 모든 변화를 없애고 이슬람 본래의 원칙에 맞게 무슬림 공동체를 돌이키려고 노력했답니다.

알와합은 코란을 있는 그대로 해석해야 한다는 타이미야와 생각을 같이했고 다신론적 신념과 관습들을 비판했어요. 그는 예언자와 성인들의 무덤으로 순례를 떠나는 것이 부적절하다고 여겼고, 무함마드의 생일을 기념하는 것조차 비난했어요. 타이미야가 알와합에게 끼친 영향을 짐작해 볼 수 있는 한 가지는 이슬람의 엄격한 원칙과 해석을 따르지 않는 무슬림은 참된 신앙이 없는 다신교도라고 주장한 데에서 찾을 수 있어요. 일탈적인 종교 관습들에 단호했던 알와합이 특히 용서할 수 없었던 건 수피즘인데, 이는 여러 다신교적 관습의 원인이라고 생각했기 때문이에요.

알와합은 이슬람 신앙에 적합한 것과 그렇지 않은 것에 대해 굉장히 엄격했지만 어떻게 보면 이슬람 개혁가이기도 했답니다. 그는 무슬림들이 그들의 종교 지도자들을 맹신하기보다는 코란과 하디스를 직접 해석해야 한다고 주장했어요. 그에게는 무함마드의 말과 행동에서 이슬람의 본질을 찾아야 한다는 신념이 있었기 때문이랍니다.

Muhammad al-Wahhab
출생 1703년 사우디아라비아 우야이나
업적 사우디아라비아 이슬람의 지배적 형태인 와하비즘의 창시자
사망 1792년 사우디아라비아 리야드

알와합의 교리들이 처음에는 큰 인기를 끌지 못했어요. 그러나 알와합이 아랍 족장인 무함마드 이븐사우드와 손을 잡자 상황이 완전히 바뀌었지요. 알와합의 사상은 와하비즘이라 불리면서 사우디아라비아 왕국을 세우고 발전시키는 데 중요한 역할을 하게 됩니다. 아직까지도 사우디아라비아의 종교법 최고 권위자인 대(大) 무프티들은 알와합의 후손들 중에서 임명되고 있어요. 와하비즘은 사진을 찍거나 그리는 것, 텔레비전을 시청하고 음악을 듣는 것, 부적을 지니는 것, 수피파 성인들의 축제를 즐기는 것, 마술을 행하는 것, 신이 아닌 다른 무엇에 기도하는 것 모두가 이슬람 본래의 정신에 어긋난다며 금지하고 있어요.

와하비즘에서 영감을 받았다고 하는 탈레반이 아프가니스탄에 등장한 후, 와하비즘은 최근 면밀한 검토를 받고 있답니다. 무슬림들 사이에서도 알와합에 대한 평가는 양쪽으로 나뉘고 있어요. 한편에서는 그의 사상이 너무 과격하다고 비판하지만 또 다른 많은 이들은 여전히 알와합을 경건한 학자라고 평가한답니다.

※ **지하드** '투쟁'이라는 말로 영적 순수성을 위한 내적 투쟁을 의미하기도 하고, 이슬람을 위해 무슬림 공동체를 동원하려는 노력, 그리고 이슬람을 보호하고 전파하기 위한 성전(聖戰)을 의미하기도 한다.

생각 씨앗
이슬람교는 사회 질서와 어떤 관련이 있을까?

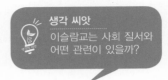

철학자 시인 무함마드 이크발

위대한 이슬람 시인인 무함마드 이크발은 정치적 활동으로 더 잘 알려져 있을 겁니다. 그는 모든 무슬림들이 인종, 국적, 신분제에 구애받지 않고 하나가 되어 범세계적 이슬람 공동체인 뉴 메카를 이루어 내야 한다고 열정적으로 주장했어요. 나중에는 북서부 인도에 새로운 이슬람 독립 국가를 세워야 한다고 주장해서 명성과 악명을 모두 얻었답니다.

무함마드 이크발은 이슬람이 본질적으로 사회 질서와 밀접한 관련이 있는 종교라고 주장했어요. 따라서 이슬람을 원칙으로 따르지 않는 사회에서 이슬람 공동체가 행복하게 살기란 불가능하다고 여겼지요. 특히 세속적인 정치 체제 안에서는 무슬림과 그들의 신앙을 서로 결속하는 구조가 약화될 수밖에 없다고 보았어요. 이크발에 대해 제기되는 비판은 바로 이러한 그의 사상이 필연적으로 뿌리 깊은 분리주의를 낳는다는 것이랍니다. 하지만 이크발은 무슬림뿐만 아니라 모든 인류가 서로 존중하고 인종과 국적의 우상을 버리기만 한다면 신의 나라가 오고 보편적인 사회가 될 거라고 말했어요.

원래 이크발의 철학 사상들은 자아에 중점을 두고 있었어요. 인생의 목적은 신의 의지대로 자아를 발전시키고 완성하는 것이라고 생각했답니다. 그래서 예언자 무함마드를 자아 완성을 가장 잘 이룬 예라고 보았어요. 이크발은 인류가 스스로 자유와 불멸을 찾아나서야 한다고 강조했답니다. 신의 대리인이라는 높은 지위를 누리는 자는 신의 의지를 수행해야 하는 의무도 함께 져야 한다고 했어요. 즉, 헌신적인 무슬림은 코란에 나오는 대로 세상을 바르게 이끌 책임이 있으며 이상적인 이슬람 공동체를 만들기 위해 노력해야 한다고 보았지요. 이크발의 정치적 관점은 인간의 영적 삶에 그 뿌리를 두고 있고, 이슬람을 시민 종교로 이해하고 있어요.

1947년에 이루어진 파키스탄 정부의 수립을 직접 보지는 못했지만 이크발은 파키스탄의 정신적 아버지로 기억되고 있답니다. 파키스탄에서는 매년 이크발의 날을 기념하고 있어요. 그는 시인이자 최고 권위의 철학자로서 이름을 날렸고, 20세기의 뛰어난 무슬림 사상가로 인정받고 있답니다.

Muhammad Iqbal

출생 1877년
인도 시알코트
업적 20세기의 뛰어난 이슬람 사상가
사망 1938년
인도 라호르

생각 씨앗
어떻게 진정한 이슬람 공동체를 세울까?

이슬람 근본주의자

사이드 쿠틉

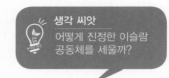

사이드 쿠틉은 20세기 이슬람 급진주의 사상가들 중 가장 영향력 있는 인물입니다. 그가 전한 이슬람 근본주의는 논란의 여지가 많고 무슬림 사회에서 배척당하고 있긴 하지만 이슬람의 이름으로 폭력을 사용하는 것을 정당화하는 데 이용되었어요. 실제로 많은 이들이 알카에다의 등장에 쿠틉의 사상이 핵심적인 역할을 했다고 생각하고 있어요.

20세기 중반, 쿠틉은 인류가 최악의 고비를 맞이했다고 주장했어요. 세속적인 세계관 때문에 사람들은 신과 종교를 일상생활과 동떨어진 것으로 생각한다는 거예요. 쿠틉은 서구에 이미 널리 퍼진 이런 세속적 세계관이 곧 무슬림 사회에도 번져 나갈 거라고 걱정했어요.

쿠틉은 이슬람을 그저 신앙으로만 보지 않았어요. 신앙을 넘어서 법, 정치, 도덕 전반을 아우르는 체제에 가깝다고 생각했지요. 그런데 샤리아 율법을 단편적으로 적용하는 바람에 이슬람 세계가 신을 잘 모르던 시대인 자힐리야로 되돌아갔다고 여겼어요. 그러니 이제는 칼리파 왕국을 재건하고 샤리아 율법을 기본으로 하는 사회를 세워야 하며 참된 무슬림들의 선봉대를 수립해야만 한다고 주장했어요. 쿠틉은 현대 사회의 부패로부터 스스로를 떼어 놓아야 한다고 생각했어

Sayyid Qutb

출생 1906년
이집트 무샤
업적 폭력을 사용해서라도 이슬람 칼리파 왕국을 재건하고자 함
사망 1966년
이집트 카이로

쿠틉은 알라 앞에 순수하고 참된 상태로 남기 위해서 무슬림들이 점점 세속화되는 사회에서 떨어져 나와 독립해야 한다고 믿었다.

요. 그래서 율법에 잘 맞는 이슬람 공동체를 세우려면 '히즈라', 즉 있던 곳을 떠나 새롭게 독립해야 한다고 주장했답니다.

쿠틉은 무슬림 선봉대는 자힐리야에 맞서서 두 가지 방식으로 싸워야 한다고 했어요. 하나는 이슬람의 진리를 전하는 것이고, 또 하나는 물리적 힘을 이용하는 방법이랍니다. 그는 진정한 이슬람 공동체를 복원시키기 위해서 투쟁과 희생, 그리고 순교가 필요하다고 생각했어요. 이슬람을 위해 자신을 희생할 의지가 있는 무슬림들을 칭송했고, 신을 위해 목숨을 걸고 싸울 준비가 되어 있는 사람들을 순결하고 축복받은 자들이라고 말했어요.

쿠틉의 사상은 이슬람과 서구 학자들에게 이구동성으로 비판받았어요. 특히 주류 이슬람 사회는 자힐리야를 무너뜨리기 위해 폭력을 이용할 수 있다는 그의 주장을 받아들이지 않았답니다.

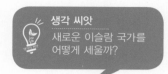

생각 씨앗
새로운 이슬람 국가를
어떻게 세울까?

이슬람 혁명가 아야톨라 호메이니

20세기의 가장 중대한 전환점 중 하나는 시아파 장로 성직자인 아야톨라 호메이니가 15년간의 망명 생활을 마치고 1979년 2월에 복귀했을 때랍니다. 그는 이란을 왕정에서 이슬람 공화국으로 새롭게 세웠어요. 이슬람 법학자가 최고 권위를 갖도록 했으며 샤리아 율법을 기초로 하는 법률 체계를 만들었답니다.

이슬람 국가에 대한 호메이니의 청사진은 『이슬람 법치 국가』에 실린 여러 편의 강의에 담겨 있어요. 이 강의들에서 그는 이란이 왕정이 아니라 이슬람 공화국이 되어야 한다고 주장했어요. 또 이 공화국은 성직자들에 의해 선출된 이슬람 법학자인 파키가 최고 권위를 가지고 샤리아 율법을 기본으로 하는 법률 체계를 갖도록 했지요. 가장 박식한 법학자가 샤리아 율법을 집행해야 하기 때문이라고 생각한 것이지요.

호메이니가 이슬람 정부에 대해 구상한 것들은 가히 혁명적이었어요. 그는 신이 인류에게 코란과 분명한 생활 규범들을 내린 이유는 인류는 그냥 가만히 내버려 두면 절대로 올바른 무슬림의 삶을 살지 않을 것이기 때문에 이슬람 국가의 설립이 시급하다는 것이지요. 그는 인간의 반은 천사이고, 반은 천사보다 더 강한 악마인데, 이것이 바로 사회가 법과 적절한 처벌 체계를 구축해야 하는 이유라고 보았어요.

정치적으로 호메이니는 짧은 기간 안에 엄청난 성공을 이루었답니다. 국가 최고 지도자에게 거의 무한한 권력을 허용하는 이란 헌법이 투표를 거쳐 1979년 12월에 시행되었어요. 또 혁명 후 몇 년간은 호메이니의 지도 하에 샤리아 율법이 도입되어 엄격히 집행되었답니다.

그러나 호메이니의 사상은 시아파 공동체 안에서도 보편적으로 받아들여지지는 않았답니다. 호메이니를 가장 격렬히 비판하던 사람 중 하나였던 대 아야톨라 호이는 이슬람 법학자의 통치를 반대하는 두 가지 원론적인 이유를 제시했어요. 첫째, 파키들의 권위를 정치적 영역으로 확장할 수 없으며, 둘째, 이슬람 법학자들의 권위가 한 명이나 몇 명에 국한되어선 안 된다는 거예요.

이슬람 정부에 대한 호메이니의 사상이 지속적으로 영향력을 가질 것인지 판단하기에는 아직 이른 감이 있답니다. 하지만 이란을 세계 첫 이슬람 공화국으로 만든 그의 역할은 인정하지 않을 수 없어요.

Ayatollah Khomeini

출생 1902년
이란 호메인
업적 이란 이슬람 혁명의 최고 지도자
사망 1989년
이란 테헤란

3장

유대교

JUDAISM

유대교 운동
모세
힐렐
필론
요세푸스
경전
모세 마이모니데스
라시
바알 셈 토브
모제스 멘델스존
모데카이 카플란
마르틴 부버

Jewish Movements
유대교 운동

유대교는 여러 분파를 둔 종교랍니다. 그런데 이것은 분열이라기보다는 서로 연대하는 성격을 지니기 때문에 다른 아브라함 종교인 기독교나 이슬람교와는 많이 다르다고 할 수 있어요. 또한 유대교는 아슈케나지, 세파르디, 미즈라히 공동체같이 민족에 따라 서로 다른 특징들이 나타난답니다.

18세기 계몽주의 사상은 아슈케나지를 비롯한 유럽의 유대인들에게 큰 영향을 끼쳤어요. 그래서 유럽에서는 유대인을 통합하려고 하는 유대인 계몽주의 운동, 하스칼라 운동이 일어났어요. 유대인들은 계몽주의의 합리성을 받아들이고, 세속적 주제를 연구하며, 히브리어뿐만 아니라 유럽의 언어들도 배우도록 장려했답니다.

종교적으로는 유대교 개혁 운동이 일어났는데, 이 운동은 19세기 초 독일에서 등장해 현재까지 이어지고 있어요. 초기 개혁파 유대교는 토라가 신성에 의해 집필된 것이 아니라고 주장하면서 대부분의 전통 유대교 율법을 거부했어요. 히브리어 기도서를 독일어 판으로 대체했고 식사 계율인 카슈룻이나 할례를 폐지했지요. 독일에서 시작된 개혁파 유대교는 크게 성공했고, 1840년대 미국으로 전해져 형태가 조금 바뀌긴 했지만 오늘날까지도 가장 큰 유대인 사회를 이루고 있답니다.

개혁파 유대교와 가장 뚜렷하게 반대되는 운동은 정통파 유대교일 겁니다. 오늘날 이스라엘에서 지배적인 정통파 유대교는 토라와 탈무드에 오류가 없다고 생각해요. 실천적 측면에서 이들은 안식일과 종교 기념일, 일일 예배, 카슈룻, 전통적인 형태의 기도 및 의식들, 그리고 회당 안에서 남녀의 구별을 엄격히 지킨답니다. 하지만 결코 획일적이지는 않아요. 세속 사회에 대한 참여, 토라 연구의 중요성과 적용 범위, 남녀의 역할 등에서 의견이 다르지요.

유대교에 개혁파와 정통파만 있는 것은 아니랍니다. 보수파, 재건주의, 하시디즘, 유대교 부흥, 인간주의 유대교 등도 있어요. 이들은 모두 신학적 입장에서 진보성과 유대교 율법 해석의 엄격함에 있어 차이를 보이고 있지요. 신학적 입장이 진보적이라고 해서 꼭 유대교 율법에 너그러운 접근을 보이는 것도 아니랍니다. 유대교 신앙은 이런 여러 운동 및 분파들의 미묘한 차이에서 짐작할 수 있듯이 아주 복잡한 성격을 갖고 있어요.

생각 씨앗
히브리족을 어떻게 해방시킬까?

유대인의 지도자 모세

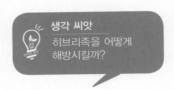

모세는 유대교 역사상 가장 중요한 인물이에요. 그는 히브리족이 이집트의 지배를 받고 있을 때 태어났어요. 전해 내려오는 이야기에 의하면 80세쯤 되었을 때 불타는 가시덤불 속에서 나타난 신으로부터 노예로 사는 히브리족을 해방시키라는 명령을 받았답니다. 이집트에 닥친 재앙과 홍해가 갈라지는 기적 등 여러 사건과 함께 그는 결국 이 명령을 이행하게 됩니다.

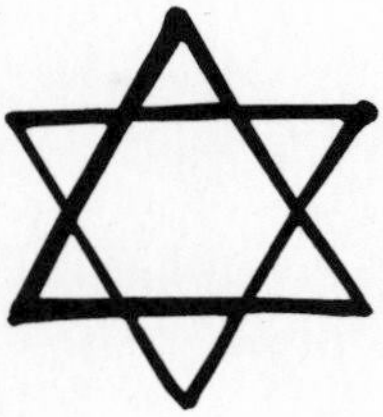

모세는 시나이 산에 올라가 40일 동안 밤낮으로 기도하며 여호와와 함께했고, 신과의 계약이라고 할 수 있는 십계명이 적힌 돌판 두 개를 가지고 내려왔어요.

이 계약은 신으로부터 히브리족이 입은 은혜 속에 이미 정해져 있었어요. 이집트의 압제로부터 그들을 구한 여호와에게 히브리족은 충성을 맹세하기로 되어 있었던 것이지요.

십계명은 '나 외에는 다른 신들을 네게 두지 말라'는 여호와의 절대적 우월성 선언으로 시작됩니다. 다신교가 일반적이었던 시대에 유일한 신을 섬기라는 일신교적 선언은 유대교를 다른 종교와 구별되게 했어요. 이것은 우상을 만들지 말라는 계명이나 여호와의 이름을 헛되이 하지 말라는 계명에서 다시 확인됩니다.

십계명은 안정된 공동체를 만들고자 했던 목적도 담고 있어요. 모세는 이러한 규율들이 지켜지기 위해서는 속죄가 뒷받침되어야 한다는 것을 잘 알고 있었어요. 그래서 성막을 짓고 사제를 두어 속죄 의식을 할 수 있도록 했지요. 이로써 히브리 종교가 세상에 등장할 기반이 마련되었답니다.

유대교 신앙에 있어 모세는 정말 중요해요. 유대교 전통에 따르면 모세는 신이 그에게 직접 받아 적게 한 모세 5경, 즉 토라의 저자였어요. 무엇보다 모세는 신과 히브리족 사이의 중요한 중재자로 여겨진답니다.

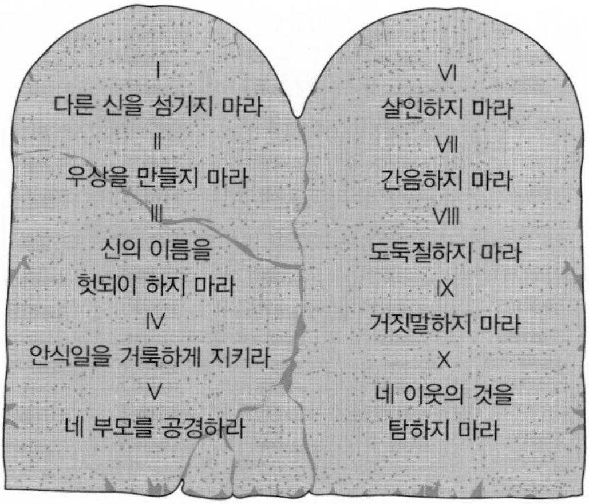

I
다른 신을 섬기지 마라
II
우상을 만들지 마라
III
신의 이름을
헛되이 하지 마라
IV
안식일을 거룩하게 지키라
V
네 부모를 공경하라
VI
살인하지 마라
VII
간음하지 마라
VIII
도둑질하지 마라
IX
거짓말하지 마라
X
네 이웃의 것을
탐하지 마라

모세는 신으로부터
십계명을 받았다.

Moses

출생 기원전 14세기경 이집트
업적 유대교의 가장 중요한 선지자 및 지도자
사망 기원전 13세기경 요르단 모압

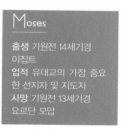

생각 씨앗

어떻게 경전을 공부해야 할까?

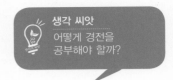

경전을 중시한 유대교 현자 힐렐

헤롯 왕과 같은 시대의 인물이자 유대교 현자인 힐렐은 수 세기에 걸쳐 유대교에 큰 영향을 끼쳤어요. 그는 특히 형제애를 강조해서 다른 사람에게 대접받고자 한다면 먼저 다른 사람을 대접하라고 했지요. 또한 경전과 율법 공부를 중시해서 경전을 정확하게 분석하기 위한 일곱 가지 규칙을 세웠답니다.

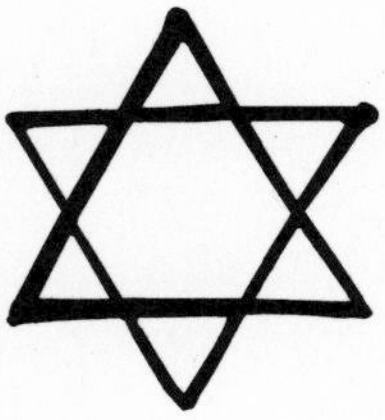

힐렐은 평화로운 사람이었고 모든 이들의 친구였어요. 또 헌신적이고 성실한 교사였고 정열적인 유대교 경전 학자였을 뿐만 아니라 엄청난 인내와 절제를 지녔던 인물이었지요. 물론 역사 속에서 그의 성품이 다소 과장되었을 수도 있지만 힐렐이 사람들과 유대교를 사랑했다는 것은 틀림없어요.

힐렐은 형제애가 유대교의 핵심이라고 생각했어요. 남에게 대접받고자 하는 대로 남을 대접하라고 하는 황금률은 근대 윤리 사상과 대부분의 종교들에서 비슷한 형태를 찾아볼 수 있답니다. 그러나 힐렐의 종교적 감수성은 단지 형제애에만 그치지 않았어요. 그는 경전과 율법 공부의 중요성을 강하게 주장했어요. 어떤 기록에 보면 그가 일하러 가는 사람들에게 다가가 얼마를 버는지 물었다고 해요. 그들이 대답하자 힐렐은 토라를 공부하면 이 세상과 내세에 필요한 모든 것

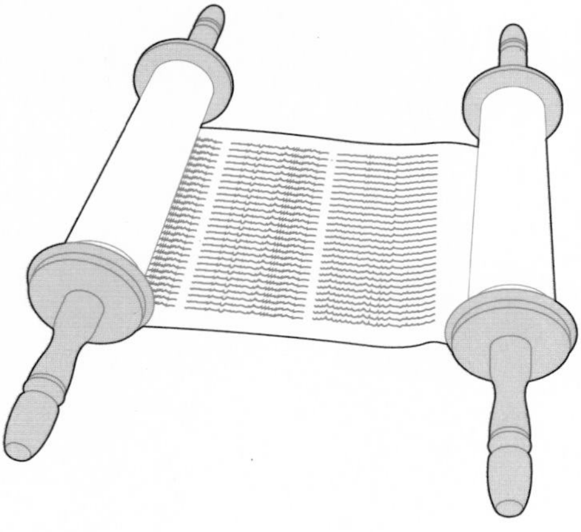

Hillel the Elder

출생 기원전 60년경
바빌론
업적 경전 분석을 위한 정확한 규칙을 수립함
사망 서기 10년경
예루살렘

힐렐은 토라에 대해 열정적이었다. 그의 일곱 가지 규칙은 경전을 공부하기 위한 지침이 되었고 수 세기 동안 큰 영향력을 끼쳤다.

을 얻을 수 있다고 하며 경전을 읽으라고 권했답니다.

힐렐은 이렇게 토라에 대해 열정적이었지만 경전에 갇히기보다 경전의 자유로운 해석을 주장했어요. 힐렐은 사회 경제적 조건에 따라 경전에 대한 이해가 달라질 수 있다고 여겼지요. 가령 가난한 이들이 빌려준 돈을 돌려받지 못할 때, 빚을 돌려받을 수 있도록 주석을 달아 법을 바꾸는 식이었어요. 이는 경전을 엄격하게 해석했던 샤마이와는 차이가 있었지요. 힐렐과 샤마이의 서로 다른 주석 원리들은 그들이 죽은 이후 제자들에 의해 각각 힐렐 학파와 샤마이 학파로 나뉘어 계속 이어졌어요. 탈무드에도 두 학파 사이의 의견 차이가 상당히 많이 기록되고 있는데, 대부분 힐렐 학파의 관점이 법적 표준으로 채택되고 있어요. 유대인들의 삶에 있어 힐렐의 영향은 엄청났어요. 5세기까지 팔레스타인 유대인들의 지도자는 그의 후손들이었지요.

생각 씨앗

어떻게 신성을 이해할 수 있나?

유대인 헬레니즘 철학자

필론

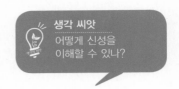

필론은 인생의 목적이 참된 신을 아는 것이라고 했어요. 신은 모든 선한 것들 중에 가장 완벽하고 그로부터 세상의 모든 축복이 뿜어져 나온다고 생각했지요. 하지만 인간의 능력으로 신의 본질을 아는 것은 결코 쉽지 않다고 지적했어요. 그래서 필론은 '로고스'라는 개념을 사용해 인간이 헤아릴 수 있는 신성을 설명하려고 했답니다.

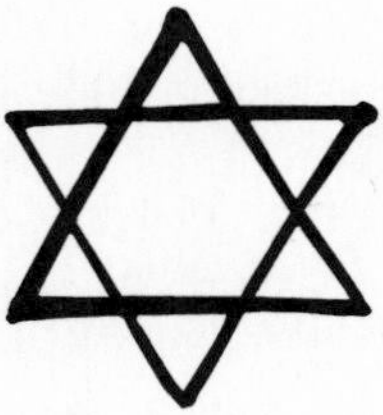

필론은 신을 시간계에도, 공간계에도 존재하지 않는 완전히 초월적인 존재로 보았어요. 그에 따르면 신은 어떠한 특징도 지니고 있지 않아서 우리가 인식할 수 없으며 절대로 변치 않는답니다. 또 출애굽기 3장 14절에 나와 있는 것처럼 신을 '스스로 있는 자'라고 생각했어요.

필론은 이 세상과 신이 분리되어 있기는 하지만 동시에 신이 창조자요, 관리자로서 이 세상과 어떤 식으로든 연결되어 있다고 생각했어요. 이 문제를 해결하기 위해 그는 '로고스'라는 개념을 사용했어요. 하지만 그 개념이 무엇인지는 정확하지 않아요. 필론이 일관성 있게 이 개념을 사용하지 않았기 때문이에요.

인류가 로고스를 만나는 방법에 대해 필론은 약간 신비주의적으로 설명하고 있는데, 사람이 물질계를 떠나 영원의 세계로 들어갈 때

바로 로고스를 겪을 수 있다고 합니다. 필론은 로고스 상태에 이르면 신을 직접 이해할 수 있다고 보았어요.

물질계를 벗어나야 신에 대한 이해가 가능하다는 필론의 생각에서 세속적 삶에 대해 그가 회의적이었다는 것을 짐작할 수 있답니다. 그는 완벽히 도덕적인 삶에 대해 말했는데, 이것은 바로 이성적으로 지혜롭게 사는 거라고 했어요. 반대로 도덕적 실패는 욕망의 노예가 되어 합리적 판단 능력을 잃게 되는 것을 말해요. 결국 덕(德)이란 신성한 지혜에서 나오는 공정함과 절제를 말한답니다.

로고스에 관한 필론의 사상은 기독교 신학이 발전하는 데 큰 영향을 주었어요. 그의 책들은 중세 유대교 철학자들에게는 알려지지 않다가 16세기에 재발견되었답니다. 필론의 사상에 관심을 갖는 이유는 그리스 철학의 개념과 유대교의 주제를 잘 융합했기 때문이에요.

Philon of Alexandria

출생 1033년 아오스타 롬바르디아
업적 헬레니즘 유대교의 대표적 주창자
사망 약 서기 45–50년 알렉산드리아

생각 씨앗
유대-로마 전쟁의 책임은 어디에 있는가?

로마와 유대의 역사가

요세푸스

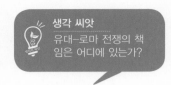

요세푸스가 쓴 책들은 그리스 로마 시대 역사를 두루 들여다볼 수 있는 작품이라고 평가받고 있어요. 여기에는 당대 유대교의 역사와 초기 기독교의 발전 과정에 대한 소중한 통찰이 담겨 있지요. 한편에서는 그의 중립성에 의문을 제기하는 사람들도 있지만 요세푸스는 줄곧 유대인에 관심을 갖고 있었고, 그 당시의 역사를 살펴볼 수 있는 흥미 있는 기록들을 남겼답니다.

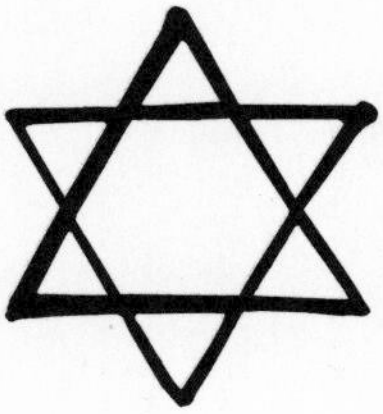

요세푸스는 로마의 지배를 받고 있던 예루살렘에서 요셉 벤 맛다디아스라는 이름으로 태어났어요. 그는 서기 66년부터 73년까지 이어졌던 유대 독립 전쟁 시기에 갈릴리의 유대인 반란군에 속해 있었어요. 전쟁은 로마의 승리로 끝났고, 요세푸스는 로마군 사령관 베스파시아누스 앞에 끌려가는 신세가 되고 말았지요. 하지만 그는 베스파시아누스가 위대한 황제가 될 거라고 예언하며 기막힌 속임수로 목숨을 구했다고 해요. 2년 뒤 요세푸스의 예언대로 베스파시아누스는 로마 황제가 되었고 요세푸스는 석방되어 로마 시민권도 얻고 황제의 후원도 받게 되었어요.

요세푸스에 대한 평판이 엇갈리는 이유는 바로 여기에 있답니다. 그의 위대한 책 『유대 전쟁사』는 로마에 대한 역사 기록들 때문에 주목을 받았지만 많은 사람들이 그 중립성에 대해서 의문을 제기했어요. 책에서 그는 유대-로마 전쟁의 원인이 로마보다는 유대인 광신도들에게 있다고 주장했기 때문이지요.

그럼에도 불구하고 요세푸스는 평생 유대인들의 안녕과 그들의 처지에 관심을 보였어요. 『아피온 반론』에서는 그리스인들의 관습보다 유대교가 더 낫다며 옹호했고, 『유대 고대사』에서는 비유대인들에게 유대인들의 역사, 율법, 관습 등을 설명하고자 했답니다. 이 책이 중요한 이유는 1세기 즈음에 비기독교인이 쓴 하나밖에 없는 예수 이야기라는 점이에요.

요세푸스에 대한 유대인들의 평가에는 많은 차이가 있답니다. 한쪽에서는 그가 로마 침략자들에게 협력했고 유대교의 명분을 저버린 배신자라고 보고 있어요. 또 역사가로서 그를 과연 믿을 수 있는지 의문을 제기하지요. 반면 요세푸스를 옹호하는 이들은 그가 살았던 로마 제국 시대에는 그와 같이 변증론을 펼치는 것이 현실적이고 유일한 방법이었다고 주장해요. 확실한 것은 그가 당대 역사에 관한 가장 중요하고 흥미로운 책들을 남겼다는 사실이랍니다.

Josephus

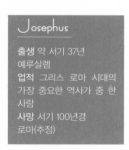

출생 약 서기 37년
예루살렘
업적 그리스 로마 시대의 가장 중요한 역사가 중 한 사람
사망 서기 100년경
로마(추정)

Scripture
경전

경전은 세계의 종교들이 가진 신성한 문서들을 지칭하는 공통된 용어입니다. 유대교의 토라, 기독교의 성경, 이슬람교의 코란, 힌두교의 시루티, 유교의 논어 등이 그것이지요. 각각의 종교를 믿는 사람들은 경전을 매우 신성하게 여기고, 신의 계시가 담겨 있다고 믿기도 해요.

유대교에서 전하는 이야기에 따르면 여호와가 모세에게 직접 토라를 받아 적게 했다고 해요. 무슬림들도 코란이 천사 가브리엘을 통해 예언자 무함마드에게 전달된 알라신의 말이라고 믿는답니다. 이슬람 정통 교리에 따르면 코란은 무함마드에게 전달된 알라의 세계이기 때문에 그 자체로 완전하게 증명된 것이라고 합니다. 무슬림 신학자들은 이슬람 근본주의라는 것은 있을 수가 없다고 해요. 왜냐하면 모든 무슬림들은 코란이 알라의 참된 말로 적혀 있다고 믿기 때문이래요.

아마도 경전의 권위에 대한 가장 흥미로운 예는 시크교 경전인 구루 그란트 사히브일 겁니다. 시크교의 다섯 번째 구루이자 구루 아르잔 데브에 의해 처음으로 만들어진 이 문서는 시크교의 찬가와 설교로 이루어져 있어요. 이 경전은 열 번째이자 마지막 구루였던 구루 고빈드 싱에 의해 완성되었고 그는 다음 후계자를 다른 사람이 아니라 이 경전이라고 선언했어요. 따라서 시크교도들은 구루 그란트 사히브를 마치 살아 있는 구루인 것처럼 대한답니다. 시크교는 그 이후 사제적 위계질서가 없는 종교가 되었어요. 그란트는 시크교 사원 안에 있는데 누구라도 읽을 수 있다고 해요. 여기에서 시크교가 평등성과 보편성을 강조하고 있음을 확인할 수 있답니다.

그런데 특정한 진리를 전적으로 받아들이지 않는다고 해서 종교적 헌신이 불가능한 것은 아니에요. 기독교 사상 일부에서는 신이 상징적이거나 문화적인 중요성을 지닌 존재라는 주장이 있어요. 따라서 성경도 문자 그대로의 진실이라기보다 문학적 은유로 이해해야 한다는 거예요. 또 모든 경전은 신성시되지만 신적 영감에 의해 나온 것은 아닐 수도 있어요. 유교나 도교 경전의 경우가 이에 해당해요. 이 경전들은 비록 신의 계시는 아니지만 시간이 지남에 따라 신성불가침의 지위를 지니게 되었고, 다른 종교의 경전들처럼 추앙받고 있답니다.

생각 씨앗
성경을 문자 그대로 이해하지 않는다면?

중세 유대교 철학자

모세 마이모니데스

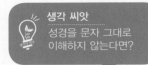

중세의 위대한 유대 철학자 모세 마이모니데스는 성경을 있는 그대로 보자는 성서 문자주의에 전혀 동의하지 않았어요. 물론 그도 성경의 많은 이야기들이 그대로 확실하다고는 인정했어요. 그러나 있는 그대로 받아들이면 종교적 진리를 깨닫기가 쉽지 않다는 걸 알았지요. 그는 이성으로도 신의 계시에 접근할 수 있다고 생각했답니다.

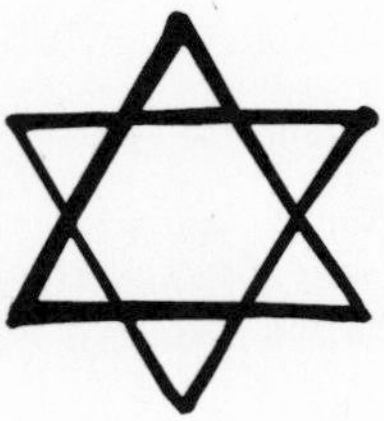

마이모니데스는 신의 특징을 의인화하는 성경을 글자 그대로 받아들여서는 안 된다고 했답니다. 성경에서 누군가 신을 보았다고 하면 실제 목격했다기보다는 지적인 뭔가를 얻었다고 보아야 한다는 거예요. 마찬가지로 한 선지자가 신의 목소리를 들었다고 할 때에도 신의 뜻을 깨달았다고 보는 쪽이 옳다는 거지요. 그런데 이렇게 성경에서 있는 그대로를 표현하지 않는다면 어떻게 그것을 제대로 이해할 수 있을까요? 『당혹한 이들을 위한 안내서』에서 마이모니데스는 신의 계시가 항상 이성과 화합한다고 대답했어요. 만약 이성의 가르침과 성경에서 말하는 바가 다르다면 성경을 다시 읽으면서 어떻게 잘못 이해한 것인지 생각해야 한다는 겁니다.

『당혹한 이들을 위한 안내서』는 상당히 어렵게 쓰여 있어요. 마이모니데스는 자신의 생각을 이해할 능력이 없는 사람은 굳이 스스로의 신앙에 의문을 가지게 하고 싶지 않아서 일부러 어렵게 썼다고 해요. 하지만 그의 책들이 전부 다 그렇게 어려운 것은 아니랍니다. 그는 미쉬나에 관한 랍비 문학이 제기한 몇 가지 철학적 문제들을 쉬운 글로 쓰기도 했어요. 이 중 하나는 유대교의 가르침을 제시한 13개조 신앙고백이랍니다. 여기에는 창조주 신이 존재하고, 신은 유일하며 영원하고, 예언을 통해 소통한다는 내용이 담겨 있지요. 또 모세의 예언은 우선권을 갖고 있고, 신의 섭리를 적은 토라는 신성 불변하며, 신은 상벌을 내리고, 메시아가 올 것이며, 죽은 자가 부활한다는 것입니다. 유대교에 구속력이 있는 율법 체계가 있다는 그의 주장은 오늘날까지도 논쟁거리랍니다.

마이모니데스는 대단한 명성에 걸맞게 지적 수준이 높은 사상가였어요. 그래서 유대교 전통 안에서는 그를 두 번째 모세라고 부르기도 한답니다.

※ **토라** 유대교에 있어 가장 중요한 문서로 히브리어로 적힌 경전이다. 창세기, 출애굽기, 레위기, 민수기, 신명기로 구성되어 있다. '토라'는 '가르침' 혹은 '설명'을 의미한다.

Moses
Maimonides
출생 1135년
스페인 코르도바
업적 중세 유대교의 대표적 지식인
사망 1204년
이집트

생각 씨앗
경전과 탈무드를 쉽게 쓸 수는 없을까?

탈무드를 쉽게 풀어쓴 라시

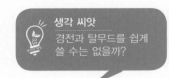

랍비 슐로모 이츠하키를 줄여서 '라시'라고 불러요. 라시는 유대교에 있어 그 업적을 누구하고도 비교할 수 없을 만큼 대단해요. 그는 탈무드와 유대교 경전인 '타나크'의 주석을 썼어요. 경전을 최대한 분명하고 간결하게 쓰려 했고 일상생활에서 비유를 찾는 등 알기 쉽게 설명하기 위해 노력했지요. 또 제자들에게 익숙한 기존의 랍비 문학을 이용하기도 했답니다.

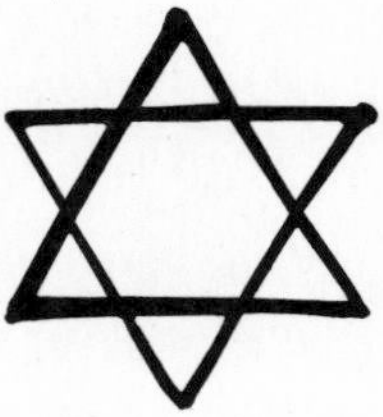

1040년 프랑스의 트루아에서 태어난 라시는 학자이자 교사였어요. 로렌 주에서 12,000명의 사망자를 낸 제1차 십자군 전쟁에서 극적으로 살아남았다는 것 말고는 그다지 특별할 게 없는 인생이었지요. 그러나 그의 학문적 성취는 참으로 눈부셨답니다.

특히 라시의 탈무드는 평범한 유대인들은 접근하기 힘들었던 내용을 쉽게 풀어 썼다는 점에서 정말 획기적이라고 할 수 있어요. 그의 글은 이전의 주석들과는 다르게 아주 상세했어요. 라시는 원문의 내용이 어렵다고 해서 그냥 생략하지 않았고 문장 하나하나를 꼼꼼하게 풀어냈답니다.

'타나크' 및 '탈무드'에 대한 라시의 주석은 원문과 떼려야 뗄 수 없는 관계였어요. 이 경전들 대부분의 인쇄본에는 라시의 주석이 포함되어 있고, 이는 아슈케나지 유대인과 세파르디 유대인 모두에 의해 인정받고 있답니다. 라시가 죽고 2세기가 흐르는 동안 탈무드 학자들은 그의 작품을 분석하고 자세히 설명하기 위해 애썼어요. 이후에 출판된 많은 랍비 문학들은 라시의 글을 반박하거나 동의하기 위해 계속 그를 인용하고 있답니다.

Rashi

출생 1040년
프랑스 트루아
업적 『타나크』와 탈무드에 관해 오늘날까지 영향력 있는 해설을 집필함
사망 1105년
프랑스 트루아

라시의 영향은 유대교 밖으로도 뻗어나갔어요. 그는 기독교 해석의 발전에도 영향을 끼쳤는데, 특히 프란치스코회 교사이자 성서 주해자였던 리라의 니콜라스는 라시의 주석에 강한 영향을 받았어요. 나중에 마틴 루터는 라틴어 번역본 성서를 독일어로 번역하면서 니콜라스의 주석에 의존했고, 자연스럽게 라시의 주석도 많이 포함되었답니다.

※ **탈무드** 유대교의 율법, 도덕 규범, 역사 등에 대한 것으로 그 첫 번째 부분인 미쉬나는 유대교 구전 율법의 개요서이고, 두 번째 부분인 게마라는 미쉬나 및 '타나크'에 대한 주석이다.

※ **타나크** 토라(율법서), 네비임(예언서), 케투빔(성문서)으로 구성된 히브리어 성서로, 모두 24편으로 되어 있다.

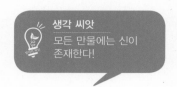

생각 씨앗
모든 만물에는 신이
존재한다!

하시디즘
유대인

바알 셈 토브

바알 셈 토브로 알려져 있는 랍비 이스라엘 벤 엘리에저는 하시디즘의 창시자랍니다. 그는 세상 만물에 신이 내재해 있다는 '만유재신론'을 믿었어요. 또 만물에는 선함이 깃들어 있고 인간도 태생적으로 선하기 때문에 모두가 구원받을 수 있다고 주장했답니다. 그럼에도 인간이 죄를 짓는 것은 악이 내재하기 때문이 아니라 다만 어리석음 때문이라고 여겼어요.

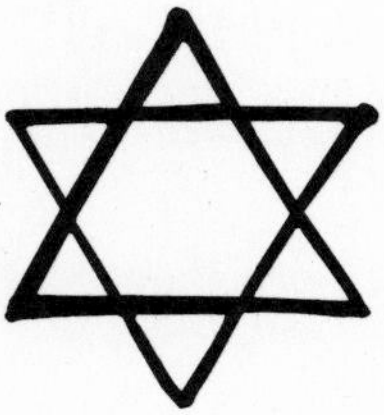

18세기 정통파 유대교인들은 금식을 하면서 스스로를 힘들게 만들고는 했어요. 그러나 바알 셈 토브는 이러한 금욕주의와 고행에 반대했답니다. 그는 육체를 보살피는 것이 굉장히 중요하다고 생각했지요. 만약 신이 우리의 육체에 깃들어 있다면 육체도 신성하다는 결론이 나오니까요.

바알 셈 토브는 사람들에게 자신의 삶을 귀하게 여기며 살아야 한다고 말했어요. 또 모든 세속적 일에 신의 모습이 드러난다는 사실을 깨달아야 한다고 했어요. 그는 당시 유대교의 관습을 비판했답니다. 18세기 많은 유럽의 유대인들은 심한 박해를 받아서 그들의 내적, 영적인 삶을 포기하고 탈무드를 연구하는 쪽으로 도피했지요. 바알 셈 토브는 이들이 영성을 감사하고 신의 사랑을 알아 가는 종교의 본질을 잘못 오해해서 그런 거라고 주장했어요.

중요한 점은 바알 셈 토브의 가르침이 교육의 기회가 상대적으로 적었던 유대인들에게도 열려 있었다는 겁니다. 그는 그저 신과 다른 유대인들을 사랑하고 기도하는 자세를 가지기만 하면 영성을 얻을 수 있다고 가르쳤어요. 실제로 바알 셈 토브는 기도야말로 인간이 신과 하나가 되는 의식 상태라고 생각했어요. 신성에 대한 명상을 하다 보면 내재하는 신이 그 가슴을 종교적 희열로 넘쳐흐르게 한다는 거예요.

바알 셈 토브의 가르침들이 아주 새로운 것은 아니었지만 유대교 세계에 큰 변화를 가져왔어요. 그는 의식이나 즐거움, 황홀경 같은 특징이 드러나는 새로운 종교적 분위기를 만들어 냈답니다. 하시디즘은 오늘날까지도 유대교에서 영향력 있는 거대한 운동으로 발전하게 되었어요.

※ **하시디즘** 18세기 동유럽에서 시작된 운동으로 당시 학문적인 노력만 강조하는 것에 균형을 맞추기 위해 영성과 유대교의 즐거움에 집중했다.

Baal Shem Tov

출생 1698년
우크라이나 오코프
업적 하시디즘의 창시자
사망 1760년
우크라이나 메드지비지

생각 씨앗
국가가 종교에 힘을 행사해도 좋은가?

계몽주의 유대인

모제스 멘델스존

독일계 유대인 철학자인 모제스 멘델스존은 낭만파 음악의 거장 멘델스존의 할아버지예요. 그는 유대교를 옹호하고 계몽주의 운동의 선구자였어요. 유대교에 대한 변론도 잘 알려져 있어요. 유대인들이 언제 어디서나 경제적, 사회적, 정치적 억압으로부터 해방되기를 바랐답니다.

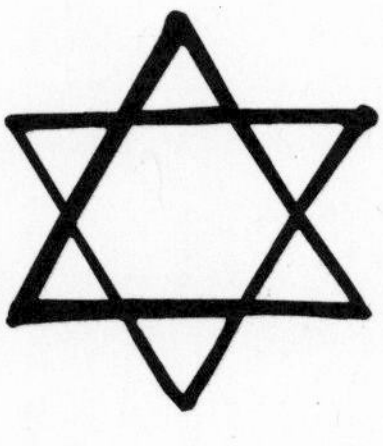

멘델스존의 명성은 뜻하지 않게 시작되었어요. 계몽주의 극작가이자 철학자였던 그의 친구 고트홀트 레싱이 의논도 없이 멘델스존의 『철학적 담화』를 출판했거든요. 이것이 그의 명성의 출발점이었어요. 그 후 신학자 요한 라바터는 멘델스존에게 만약 유대교의 우월성을 입증할 수 없다면 기독교로 개종하라는 도전적인 제안을 했고, 이에 멘델스존은 독일계 유대인들의 해방과 계몽주의적 대의에 스스로의 삶을 바치는 것으로 답했답니다.

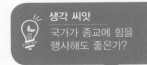

멘델스존은 모세 5경을 비롯한 성경을 독일어로 번역하기 시작했어요. 유대인들을 독일 문화 속에 완전히 일치시키기 위해서였죠. 그의 번역은 즉시 엄청난 인기를 얻었고, 유럽의 세속 사회에 유대인들을 동화시키고자 한 하스칼라 운동이 등장하는 데 기여하게 됩니다. 특히 유대인들은 계몽주의적 합리성을 받아들이고 세속적 주제를 탐구하며 히브리어뿐 아니라 유럽의 언어들도 배우도록 장려했어요.

멘델스존의 주요 저서 『예루살렘』은 종교적 자유에 관한 강력한 논증이었어요. 그는 국가가 시민들의 종교적 신념에 간섭할 그 어떤 권리도 갖고 있지 않다고 했어요. 즉, 국가는 교회와 마찬가지로 가르치고, 지시하고, 격려하고, 동기를 부여하지만 구성원들의 행동을 통제할 수는 없다는 거지요. 보통 국가는 강압적으로 권력을 독점하지만 이미 시민 사회는 아주 복잡해져서 그저 옳은 신념에 호소하는 것만으로는 끌고 갈 수가 없었어요. 따라서 국가는 보상과 처벌을 적절하게 사용해야 했지요. 하지만 국가가 종교에까지 이런 원리를 적용해서는 안 된다는 거예요. 그는 개인들이 도덕적이고 지적인 완벽함을 얻기 위해서 실수도 하고, 스스로 목표를 세우거나 신념을 발전시킬 수 있는 충분한 자유가 보장돼야 한다고 주장했어요.

멘델스존은 유대교에 헌신하면서도 합리성을 특징으로 하는 근대 서구 문화를 거스르지 않으려고 애썼어요. 무엇보다 종교적 자유를 주장함으로써 독일계 유대인들의 해방이라는 큰뜻에 힘을 실어 주었답니다.

Moses
Mendelssohn

출생 1729년
독일 데사우
업적 독일계 유대인들의 해방과 계몽주의적 대의 명분을 옹호
사망 1786년
독일 베를린

생각 씨앗
위기에 처한 유대교를
어떻게 구할까?

유대교
재건주의자

모데카이 카플란

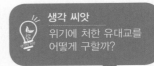

모데카이 카플란의 유대교는 조금 특이한 성격을 갖고 있답니다. 그는 모든 세속적 삶에 관여하는 초자연적인 신을 부정했어요. 또 어떤 특별한 목적 때문에 유대인들이 선택받은 민족이라는 통념도 거부했답니다. 과거가 현재에 한 표를 행사할 수는 있지만 거부권을 행사할 수는 없다고 생각했죠. 그는 유대교의 관습과 기성 의례들을 존중해야 한다는 생각에도 반대했어요.

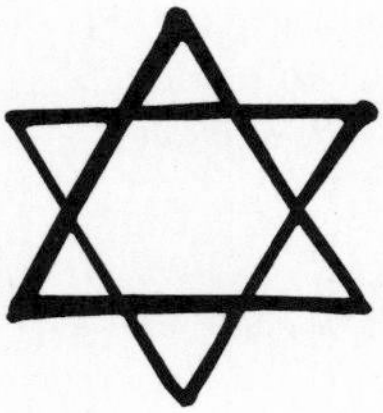

카플란은 유대교가 여러 가지 위기를 맞고 있다고 판단했어요. 자연주의의 등장으로 종교적 신념들을 지킬 수 없게 되었고, 유대인들은 전통 신학의 진리를 받아들이지 못하게 되었다고 생각했지요. 오래 지켜 왔던 믿음들, 예를 들어 초자연적인 신이 자연계에 관여하고 있고, 토라는 신의 계시이며, 사람들은 어떻게 살아왔냐에 따라 내세에 상이나 벌을 받을 것이라는 믿음 따위는 과거로 돌려보내야 할 상황이었어요. 카플란은 근대 유대인들의 문화를 반영하면서 유대교를 재건해야겠다고 생각했지요. 또한 유대교가 공동체의 정체성을 강화시키고 하나로 묶는 역할을 해 주기를 기대했지요.

카플란은 종교가 사회의 집단 정체성을 반영하는 동시에 보강한다고 주장한 프랑스 사회학자 에밀 뒤르켐의 영향을 받았답니다. 그래서 신보다는 유대인 공동체를 중심에 두고 유대교를 새롭게 세워 보려고 했어요. 그런데 신이라는 초자연적 요소가 없어지면 종교의 본질은 어떻게 되는 걸까요? 그럼에도 불구하고 카플란은 유대교가 신이라는 개념을 유지할 거라고 예상했을까요? 물론 그는 유대교의 신은 계속 존재한다고 생각했어요. 하지만 그가 이해하는 신은 토라에 등장하는 전통적인 신과는 많이 달랐답니다. 그는 신이란 정의로움을 실현하고 인간의 자아실현을 가능하게 하는 우주의 힘이라고 주장했어요. 또 신을 믿는다는 것은 인류 사회의 모든 폭력과 착취를 없애고 야만성을 뛰어넘는 것, 이것이 인간의 운명이라고 말했어요.

카플란의 사상은 20세기 후반에 등장한 유대교 재건주의 운동의 기반이 되었답니다. 많은 유대교 학자들이 그가 현대 유대교가 직면한 문제들을 꽤 정확히 지적했다는 점에 동의해요. 그러나 그의 유대교 재건 방식이 무신론 쪽에 너무 가까이 다가가 있다고 본답니다. 카플란의 입장은 분명히 급진적이에요. 하지만 우리가 주목해야 할 것은 그의 사상이 어떻게 유대교 철학의 한 부분을 이루고 있는가 하는 점이랍니다.

Mordecai
Kaplan

출생 1881년
리투아니아 슈벤치오니스
업적 20세기 유대교 재건주의 운동의 창시자
사망 1983년
미국 뉴욕

생각 씨앗
두 존재 사이에는 어떤 관계가 성립하나?

유대교 실존주의자

마르틴 부버

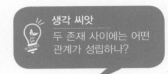

마르틴 부버는 유대교 실존주의 철학자랍니다. 그는 1923년 『나와 너』라는 책에서 종교적 실존 철학을 소개했는데 여기에서는 사람이나 사물과의 관계를 비교하기 위해 '나-너'와 '나-그것'이라는 용어를 사용하고 있어요. '나-너' 관계는 서로 열려 있는 두 존재 사이의 진정한 관계를 말합니다. 반면 '나-그것' 관계에서는 대상이 마음속의 표상으로만 존재한답니다.

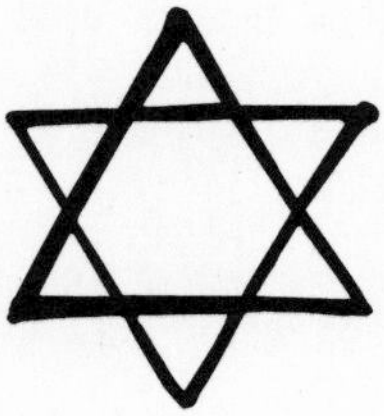

'나-너' 관계는 한 존재와 다른 존재가 조작이나 대상화 없이 진정으로 만나는 것을 의미합니다. 이것은 순수한 상호 관계로 가령 두 연인 사이 혹은 어머니와 자녀 사이의 관계가 여기에 해당됩니다. 마르틴 부버는 이것으로 한 사람과 다른 사람의 관계, 혹은 사람과 동식물, 심지어 신과의 관계까지 설명할 수 있다고 주장했어요. 그에 따르면 인간과 신 사이에는 오로지 '나-너' 관계만이 존재한답니다. 부버는 신에 대한 진리나 적절한 설명을 할 수는 없지만 계시를 통해 신을 만날 수 있다고 믿었지요. 또 모든 '나-너' 관계가 궁극적으로는 신과의 상호 작용으로 이어진다고 주장했어요.

'나-그것' 관계는 '나-너'와 거의 반대되는 개념입니다. '나-그것' 관계는 동등한 존재들과의 만남이 아니라 사물과의 대면이랍니다. 여기에는 그 어떠한 상호성이나 평등성, 진실성이 없어요. 다른 존재를 객관적이고 무심한 태도로 대하며 그 대상이 자기에게 어떤 이득을 줄 수 있을지만 고민한답니다.

부버는 개인들이 '나-너' 혹은 '나-그것' 중 하나의 관계를 맺으며 살아간다고 주장했어요. 그는 현실에서의 모든 삶은 만남이라고 선언했답니다. 하지만 점점 '나-너' 관계는 드물어지고, 인간 실존의 의미를 퇴색시키는 '나-그것' 관계가 늘어나고 있다고 비판했어요. 부버의 관점에 따르면 우리는 최대한 '나-너' 관계로 만나도록 노력해야 해요.

부버의 책들은 유대교뿐만 아니라 기독교를 믿는 사람들 사이에서도 열광적으로 받아들여졌어요. 무엇보다 그의 위대한 유산은 자신에게 반대하는 사람들과도 열린 태도로 대화하고 다리를 놓고자 했던 마음일 거예요.

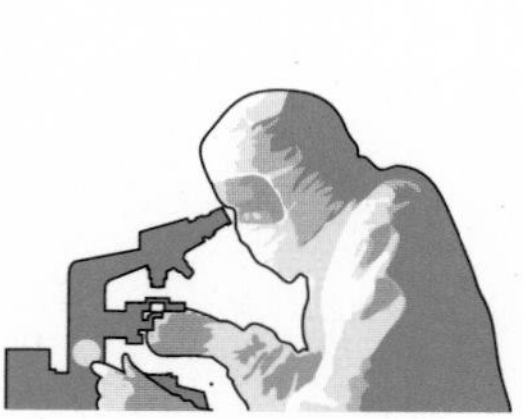

과학자와 현미경

어머니와 자녀

Martin Buber

출생 1878년
오스트리아 빈
업적 종교적 세계관과 실존주의 주제를 결합할 수 있음을 보여 줌
사망 1965년
이스라엘 예루살렘

과학자가 세상과 가지는 관계는 무심하고 객관적인 '나-그것' 관계이다. 어머니와 자녀 사이는 순수하고 상호적인 관계인 '나-너' 관계라고 할 수 있다. 마르틴 부버는 '나-너' 관계가 바로 신과 인간 사이의 관계라고 생각했다.

4장

힌두교

HINDUISM

동양 종교

상카라

라마크리슈나

마하트마 간디

Eastern Religions
동양 종교

동양 종교라는 용어는 보통 인도나 중국에서 시작된 종교적 전통을 설명하기 위해 사용된답니다. 여기에는 힌두교, 불교, 자이나교, 시크교 등의 다르마 신앙들과 중국의 양대 종교 철학인 도교와 유교가 포함되어 있어요. 동양 종교를 이해하는 가장 좋은 방법은 유대교나 기독교, 이슬람과 같은 아브라함 종교들과 어떻게 다른지 알아보는 것이랍니다.

동양 종교에서는 유일하고 전능한 신을 강조하지 않아요. 사실 동양 종교들 중 몇몇은 아예 신이라는 개념 자체가 없답니다. 유교를 예로 들면 비록 사당이나 의례가 존재하지만 초자연적인 것들에 대한 언급은 거의 없어요. 서구의 개념으로 보면 종교라기보다는 사회 윤리 규범에 더 가깝지요. 인생은 괴로움의 연속이며(고성제), 그 원인은 번뇌 때문이고(집성제), 번뇌를 없애면 괴로움을 없앨 수 있고(멸성제), 이는 팔정도를 따름으로써 이룰 수 있다(도성제)는 불교의 사성제 역시 신에 대해 설명하지는 않아요.

이러한 비신론(非神論)에 대한 반례는 약 3,300만에 이르는 신을 가진 힌두교일 겁니다. 힌두교는 좀 복잡한데, 어떤 힌두교 분파에서는 일신교를 지향하기도 해요. 가장 인기 있는 힌두교 분파 중 하나인 비슈누교의 신도들은 비슈누를 우주를 지탱하고 복원하는 최고의 신으로 여긴답니다. 비슈누교의 목표는 비슈누와 그의 화신들이 거주하는 영적 세계인 바이쿤타에서 영생을 얻는 것이지요. 그러나 또 다른 힌두교 분파인 스

마르타파 신도들은 여섯 현신을 경배하고, 다른 힌두교의 수많은 신들은 단지 브라만의 모습들일 뿐이라고 생각하고 있어요.

아마 힌두교와 다르마 신앙들을 묶는 기본 사상은 속세의 삶을 벗어나야 한다고 보는 점일 거예요. 따라서 인생의 목적도 출생과 윤회의 고리를 끊기 위한 것이라고 생각하지요. 또 불행과 욕망으로부터의 해방되고 궁극적 실재인 신과 하나 됨을 의미하는 모크샤, 즉 해탈을 강조해요. 비슷하게 불교에서는 깨달음으로 가는 무아지경의 이상향 니르바나, 즉 열반이라는 것이 있어요. 또 시크교도들은 신과 인간이 하나가 됨으로써 환생에 종지부를 찍고자 한답니다.

동양 종교들은 모두 명확한 삶의 규율을 제시하고 있어요. 그러나 서양의 종교들과는 다르게 이 규율은 신의 명령에 기반을 둔 것이 아니에요. 사회 질서를 위한 인성 함양을 강조하거나 현세의 삶을 초월할 수 있도록 번뇌를 없애기 위한 조건일 뿐이랍니다.

※ **다르마** 인도 종교와 불교에서 중요한 개념으로 '유지한다'는 뜻을 가지고 있다. 종교적 진리 또는 해탈에 이르는 규범을 뜻하기도 한다.

생각 씨앗
일상 세계의 본질은 무엇일까?

힌두교 철학자

상카라

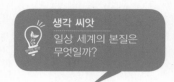

위대한 인도 사상가 중 한 명인 상카라는 힌두교 역사에 큰 영향을 끼쳤답니다. 그는 만물의 신성을 브라만이라고 보았어요. 이것을 일원론이라고 하는데, 세상의 본질을 유일하고 궁극적인 어떤 것이라고 보는 사상이랍니다. 브라만은 나누어질 수 없고, 영원하고, 변치 않으며, 무한한 존재예요. 한편 대아(大我)인 아트만은 완전한 상태에서 브라만과 똑같아진다고 해요.

그렇다면 우리의 일상 세계인 현상계는 무엇일까요? 상카라는 현상계가 브라만처럼 실제로 존재하지는 않지만, 그렇다고 환상도 아니라고 했어요. 힌두 철학이 생소한 사람들은 대체 이게 무슨 말인지 잘 이해되지 않을 거예요. 상카라는 우리가 아트만과 브라만의 참된 본질을 알고 해방되기 전까지는 일상 세계를 마치 진짜인 것처럼 여길 수밖에 없다고 설명했어요. 어렵지만 조금 더 살펴볼게요. 상카라에 의하면 우리는 브라만에 사물을 비추어서 다양한 현상계를 만들어 낸다고 해요. 브라만과 아트만의 본질을 깨닫는 '명(明)'에 이르지 못하는 한 우리는 윤회의 굴레에서 헤어 나오지 못한다는 거지요. 이것을 '무명(無明)'이라고 하는데, 이 구속은 어떤 무기로도, 바람이나 불, 혹은 어떤 행동으로도 끊어 낼 수 없다고 했어요. 다만 신의 은총으로 얻은 통찰에서 나오는 지식의 칼로만 무명을 끊을 수 있다고 말했답니다.

Sankara

출생 서기 788년
인도 칼라디
업적 힌두교의 부흥에 있어 중요한 역할을 함
사망 서기 820년
인도 케다르나트

그렇다면 어떻게 해야 이런 깨달음을 얻을 수 있을까요? 『브라마 수트라 바스야』에서 상카라는 브라만의 본질을 깨닫기 위한 네 가지 조건을 제시했어요. 첫째, 영원한 것과 영원하지 않은 것을 구별하는 능력, 둘째, 행위로 얻은 결실을 누리는 것을 포기하는 것, 셋째, 자제와 평온 같은 덕을 함양하는 것, 넷째, 해방에 대한 욕구였지요. 그는 지식을 탐구하는 것이 근본적으로 종교적인 일이라고 생각했어요. 그래서 우리를 해방시켜 줄 지식을 얻기 위해 위대한 인도의 성서들을 공부해야 한다고 주장했지요. 신앙이 있어야 종교적 탐구를 해 나갈 수 있고, 신에게 헌신하는 것이 브라만의 깨달음을 얻기 위한 필수 조건이라고 여겼어요.

상카라는 불교와 자이나교가 점점 세력을 키워 나가던 시대에 힌두교의 부흥을 이루어 냈답니다. 그가 건설한 네 개의 수도원은 힌두교 사상을 실천하는 중심이 되었어요.

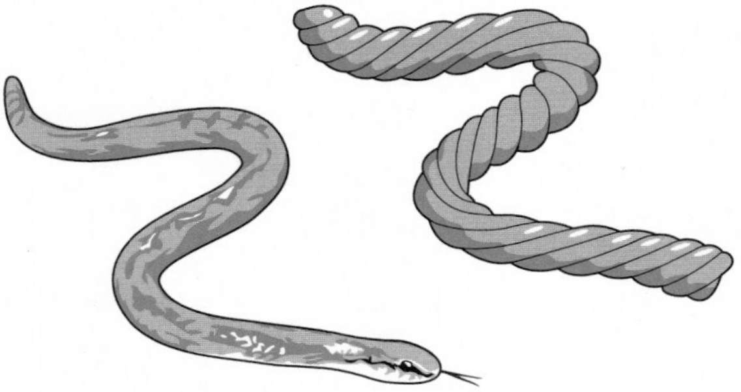

밧줄이 뱀이라는 환상은 일시적인 현실에 지나지 않으며, 그것이 밧줄이라는 것을 보기 전까지 우리는 그것을 뱀이라고 여긴다. 깨달음을 얻기 전까지 우리는 일상 세계가 마치 실제인 것처럼 여길 수밖에 없다.

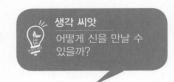

생각 씨앗
어떻게 신을 만날 수 있을까?

힌두교 화신 라마크리슈나

라마크리슈나는 신과의 교감과 명상을 강조하고 신성한 삶을 지향했어요. 1856년, 자신의 형제가 죽자 라마크리슈나는 힌두교의 모신 칼리가 나타나기를 간절히 바라며 기도했어요. 그런데 아무리 기다려도 칼리가 나타나지 않자 라마크리슈나는 낙담한 나머지 자살하려고 했대요. 그때 빛과 함께 칼리가 나타났고, 그는 평온과 무아지경을 경험했답니다.

전하는 이야기에 따르면 칼리가 나타나기를 바라며 기도하던 라마크리슈나는 이렇게 애원했다고 해요. "어머니시여, 그대는 과거에 많은 신자들에게 자애로우셨고 그들 앞에 나타나셨습니다. 왜 제게는 오지 않으십니까? 저는 그대의 자녀가 아닙니까?" 결국 칼리와 만나고 신적 무아지경을 경험한 라마크리슈나는 중대한 통찰에 이르게 되었어요.

이후 라마크리슈나는 거대 세계 종교들의 신비주의 전통 의식과 관습에 몰두했고, 각각의 경우에 모두 똑같이 브라만이라는 절대신과 만났다고 해요. 그는 하나의 유일신이 모든 종교에서 각각 다른 모습들로 나타나는 거라고 결론을 내리게 됩니다. 다양성 속에 일체성이 있는 것이지요. 그에 따르면 어떤 종교를 믿든 간에 신에 대해 깨닫기만 하면 된다는 거예요.

그런데 이 깨달음을 얻으려면 육신의 삶에서 오는 유혹을 이겨 내야 했어요. 라마크리슈나는 육체적 쾌락, 탐욕, 잔혹함 같은 악덕이 사람들을 현상계에 묶어 두어 신을 알 수 없게 한다고 여겼어요. 세상을 개선할 수 있다거나 착한 일을 하면 신에게 더 가까이 다가갈 수 있다고 생각하지는 않았지요. 그래서 오로지 신을 알기 위한 영적 노력만이 중요하다고 가르쳤답니다. 그는 살아가는 내내 줄곧 신에 대한 명상을 했어요. 그래서 시간과 장소를 초월해 신에 대한 의식의 끝에 닿을 수 있었지요.

라마크리슈나에게는 스와미 비베카난다와 같은 많은 추종자가 있었고 점점 이름이 알려졌어요. 비베카난다는 1886년 라마크리슈나 수도회를 설립했지요. 라마크리슈나는 신적 무아지경에 다다르는 종교적 헌신을 보여 주었고, 그의 삶은 근대 인도에서 존경받는 본보기가 되었어요. 그래서 그는 현신 혹은 화신이라는 명성을 얻었답니다.

Ramakrishna

출생 1836년
인도 후글리
업적 라마크리슈나 수도회에 영감을 줌
사망 1886년
인도 콜카타

생각 씨앗
인간성에 호소해
설득할 수 없을까?

힌두교
평화주의자

마하트마 간디

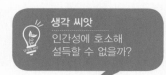

마하트마 간디는 20세기의 가장 영향력 있고 존경받는 지도자 중 한 사람입니다. 비폭력적인 시위를 통해 중대한 정치적 변혁을 이루어 낼 수 있음을 보여 주었고 마틴 루서 킹, 알베르트 루툴리, 엘데르 카마라 같은 정치 지도자들에게 영감을 주었어요. 간디의 비폭력주의, 아힘사 사상은 모든 이들이 영혼을 갖고 있다는 믿음에서 시작되었답니다.

모든 것에 영혼이 있다는 믿음은 다른 사람을 설득할 때 인간성에 호소할 수 있다는 것을 의미해요. 그러니까 굳이 폭력을 쓸 필요가 없다는 거지요. 폭력의 후유증은 오래가고 돌이키기가 힘듭니다. 만약 폭력이 필요하다고 주장하려면 그 동기의 정당함과 폭력이 원하는 결과를 가져온다는 완벽한 확신이 있어야 해요. 그러나 모든 인간은 오류를 범할 수 있기 때문에 그런 확신은 절대로 불가능하고, 무엇보다 폭력이 정당하게 사용될 수는 없답니다.

간디는 사람들이 당장 직면한 절망적 상황 때문에 폭력을 휘두른다는 것을 잘 알고 있었어요. 그러나 이렇게 되면 수단과 목적을 구분할 수가 없게 된다고 생각했어요. 아무리 좋은 목적을 위해서라도 결국 과정의 부도덕성 때문에 그 결과가 왜곡될 수밖에 없어요.

폭력이 분쟁을 해결하거나 부정을 척결하기 위한 좋은 방법이 될 수 없다면 무엇으로 대신해야 할까요? 간디는 놀라운 해답을 제시했어요. 바로 스스로의 고통을 통해 상대방 마음 깊은 곳에 있는 인간성을 일깨우라는 것이었어요. 간디는 진정으로 중요한 일을 해 내고자 한다면 이성적인 논리만을 내세울 게 아니라 상대의 마음을 움직여야 한다고 봤어요.

Mahatma Gandhi

출생 1869년
인도 포르반다르
업적 비폭력주의가 어떻게 정치에 적용될 수 있는지 보여 줌
사망 1948년
인도 델리

그는 칼이 아니라 가슴을 꿰뚫는 고통을 통해 인류의 내면적 이해를 열 수 있다고 말했답니다.

간디의 사상은 비폭력 정치 시위로 이어졌어요. 비폭력주의는 사회 정치적 변혁을 위한 강력한 도구가 될 수 있었지요. 1948년 간디가 암살당하자 나중에 인도의 수상이 되는 네루는 이렇게 선언했어요. "우리 삶의 빛이 사라졌으며, 모든 곳에 어둠이 드리웠다."

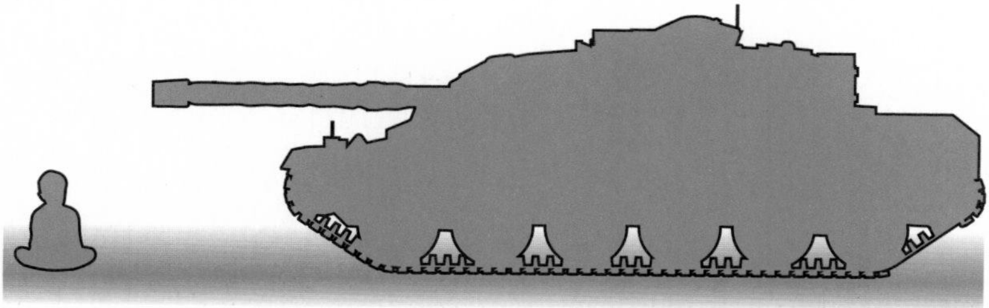

간디의 아힘사 사상은 거의 모든 경우에 있어서 폭력이 필요하지 않다고 강조한다. 압제자들의 폭력과 만나더라도 스스로의 고통을 통해 그들의 마음을 열기 위해 우리는 비폭력으로 대응해야 한다는 것이다.

5장

시크교

SIKHISM ,

구루 나나크 데브

고빈드 싱

생각 씨앗
신과 어떻게 하나가 될 수 있을까?

최초의 시크교도

구루 나나크 데브

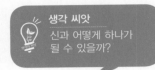

"힌두교도 없고, 이슬람도 없다." 구루 나나크 데브는 1499년 이 한 마디로 시크교의 시작을 알렸어요. 그는 거대 세계 종교 중 최연소 창시자로 역사에 기억되고 있지요. 하지만 그의 이름이 널리 알려지게 된 것은 무엇보다도 인류에 대한 지극한 형제애 때문이었답니다. 나나크는 네 번의 긴 여정을 통해 아시아 전역에 시크교를 전파했어요.

나나크의 시크교가 힌두교나 이슬람과 완전히 다른 새로운 것이라고 볼 수는 없을 겁니다. 시크교는 힌두교와 이슬람교 모두에서 영감을 받았기 때문이에요. 특히 출생과 윤회라는 속세의 굴레에서 벗어나야 구원을 얻을 수 있다는 믿음은 분명히 힌두교 신앙에서 영향을 받은 것으로 보입니다. 또 명상을 중시한 것은 이슬람 신비주의인 수피즘에서 온 것으로 생각되고요.

시크교는 여러 가지 신념과 관습으로 이루어져 있답니다. 그중 가장 중요한 것은 신과 하나가 되기 위해 체계적으로 명상을 해야 한다는 가르침입니다. 나나크는 형식적 의례, 우상, 사원, 그리고 모든 종교적 의복 등을 거부했어요. 명상은 내면을 향한 것이며 신의 이름인 와헤구루를 반복적으로 되뇌어야 한다고 주장했어요. 와헤구루는 시크교의 신으로 창조자이며 우주에 널리 퍼져 있는 유일한 존재입니다.

시크교 경전인 구루 그란트 사히브에 적혀 있는 신에 대한 묘사를 보면 와헤구루는 최고의 진리이며 무엇을 두려워하지도, 미워하지도 않는다고 해요. 또 태어나지 않으며 부활하기 위해 죽지도 않지요. 나나크는 신을 다만 은총으로 섬기라고 말했답니다.

나나크가 강조한 명상은 인간이 신과 하나가 되고 윤회의 무한한 굴레를 끊기 위한 방법이라고 할 수 있어요. 다른 신비주의적 전통들과는 다르게 나나크는 속세를 등져야만 구원을 얻을 수 있다고 가르치지 않았답니다. 순수한 마음을 지닌 이들이 구원을 얻는다고 믿었지만 인류의 발전을 위해 가족과 타인을 이롭게 하는 노력과 자선의 중요성을 강조했어요.

나나크의 가르침은 15세기라는 시대적 배경을 고려하면 여러 가지 면에서 계몽적이랍니다. 카스트 신분제도와 사제 계급의 권위를 부정했고, 신 앞에서 모든 인간이 평등하다고 주장했으니까요.

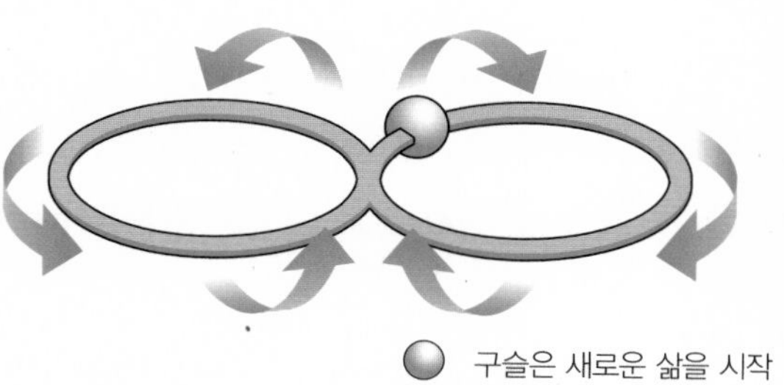

Guru Nanak Dev

출생 1469년
파키스탄 라이 보이 디 탈반디
업적 시크교의 창시자
사망 1539년
인도 카타르푸르

시크교도들은 신과 하나가 되면 출생과 윤회의 무한한 굴레를 벗을 수 있다고 믿었다.

생각 씨앗

신의 전사들을 어떻게 조직할까?

시크교 전사

고빈드 싱

시크교의 마지막 구루인 고빈드 싱은 시크교를 완전히 바꾸어 놓았어요. 칼사 전사단을 설립한 후 쓴 시에서 그는 칼사 전사단을 가리켜 신에 대한 사랑과 확신을 가진 자이며 꺼지지 않는 신의 빛을 품은 자라고 했지요. 또 살아 있는 구루라고 여겨지는 경전을 완성해 후계자로 삼음으로써 시크교를 사제적 위계가 없는 종교로 완성했답니다.

전해 내려오는 이야기에 따르면 고빈드 싱은 아난드푸르에서 열린 바이사키 축제에서 극적인 장면을 연출했다고 해요. 그는 엄청난 인파의 시크교도들 앞에 서서 자신에게 머리를 바칠 사람이 있냐고 물었어요. 잠시 후 한 사람이 앞으로 나섰고, 고빈드 싱은 그 사람과 함께 천막 안으로 들어갔어요. 몇 분 뒤 피로 물든 칼을 들고 나타난 고빈드 싱은 또 다른 지원자가 없는지 물었어요. 이렇게 몇 번 반복하고 나서 고빈드 싱은 멀쩡하게 살아 있는 지원자들과 함께 다시 나타났답니다. 신앙에 대한 헌신의 징표를 보여 준 그들은 칼사의 형제들이 되었지요.

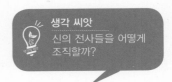

고빈드 싱은 칼사의 구성원들이 따라야 할 행동 강령을 세웠어요. 그 강령들은 시크교 신앙의 핵심적인 요소들을 반영하고 있답니다. 그들은 유일신을 경배하고 신의 이름으로 매일 명상해야 해요. 또 수

입 중 10퍼센트를 기부해야 했어요. 조금 특이한 것도 있는데, 면도를 하거나 머리를 자르지 말라고 했고, 약자를 보호하기 위해 항상 무기를 집어 들 준비가 되어 있어야 한다고 했지요.

Govind' Singh

출생 1666년 인도 비하르 파트나
업적 시크교의 전사단 칼사를 창립
사망 1708년 인도 마하라슈트라 난데드

고빈드 싱은 시크교의 열 번째이자 마지막 구루였답니다. 그는 독실한 시크교도라면 경전으로부터 모든 영적 지도를 얻을 수 있다고 믿었어요. 그래서 다른 사람이 아닌 바로 경전인 구루 그란트 사히브를 후계자로 선언했어요. 비록 관리인이 있기는 하지만 구루 그란트 사히브는 시크교 사원인 구르드와라에서 시크교도이든 아니든 누구나 열람할 수 있어요. 여기서 우리는 평등성과 보편성에 대한 시크교의 사상을 엿볼 수 있답니다.

구루 고빈드 싱이 시크교에 남긴 업적은 대단했어요. 칼사를 창단함으로써 펀자브 지역의 시크교도들에게 군사적 능력과 자신감을 부여했고, 그들의 미래를 바꾸었지요. 쿠시완트 싱은 그의 종교 역사서에 다음과 같이 적고 있답니다.

"몇 달이 지나자 새로운 사람들이 탄생했다. 수염을 기르고, 터번을 두르고, 완전 무장을 하고 새로운 공동선을 건설하기 위해 전사의 열의를 가진 이들이었다."

※ **칼사** '순수'라는 뜻으로 칼사 전사단에 가입하거나 세례를 받는 시크교도를 가리킨다. 구루의 가르침을 따라 살아가는 그들은 다섯 가지 K를 항상 가진다고 하는데, 자르지 않은 머리(Kesh), 빗(Kanga), 속옷(Kaccha), 팔찌(Kara), 그리고 단검(Kirpan)이 그것이다.

6장

불교

BUDDHISM

고타마 붓다

도겐

바수반두

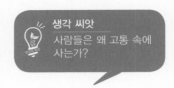

생각 씨앗
사람들은 왜 고통 속에 사는가?

불교를 창시한 고타마 붓다

불교의 창시자인 고타마 붓다(석가모니 혹은 싯다르타)는 인생이 고뇌의 연속이라고 했어요. 이것은 그가 부다가야의 한 보리수나무 아래에서 명상을 하다가 얻은 영적 깨달음 중 하나예요. 붓다는 고성제, 집성제, 멸성제, 도성제라는 사성제를 널리 전했어요. 사성제는 순차적인 단계로 이어지는 불교의 가장 근본적인 교리랍니다.

붓다가 말한 고뇌에는 육체적·정신적 고통, 좌절, 권태, 욕구 불만 등 여러 가지가 포함되어 있어요. 그리고 사성제는 마치 의사의 진료처럼 순차적인 단계가 있답니다. 첫 번째 고뇌가 진단에 해당한다면, 두 번째 번뇌는 그 질병의 원인이라고 볼 수 있어요. 붓다는 고뇌의 근원이 물질, 타인이나 자기 자신 등 순간적인 것에 집착하는 데 있다고 주장했어요. 번뇌는 간절한 욕망과 관련이 있는데, 이 때문에 여기저기에서 늘 새로운 쾌락을 추구한다고 봤지요.

세 번째는 고뇌를 없앨 수 있는 방법으로 집착을 버리는 것, 즉 소멸에 관한 것이랍니다. 이것은 팔정도에서 더 구체적으로 알 수 있어요. 팔정도는 정견, 정사, 정어, 정업, 정명, 정근, 정념, 정정을 말합니다. 올바로 이해하고, 올바로 생각하고, 올바로 말하고, 올바로 행동하며, 올바로 살고, 올바로 노력하고, 올바로 집중하고 마음을 안정하는 것을 의미하지요.

붓다가 말한 올바른 삶이 무엇인지 구체적으로 알려면 그의 중도 사상을 살펴봐도 좋을 것 같아요. 보통 동양 종교들은 속세를 등지고 금욕적으로 살아야만 깨달음을 얻을 수 있다고 하지요. 하지만 붓다는 그런 삶을 6년간 살아 보고 난 후 이것이 잘못되었다는 것을 깨달았답니다. 그리고 오감의 만족과 과도한 자기 정화 사이에서 중도를 걸으라고 강조했어요. 중도는 붓다의 명상 방법에서도 짐작할 수 있는데, 전통적인 무의식 상태의 명상보다는 즐거운 경험과 명료한 사고가 함께 이루어지는 명상을 선호했어요.

고타마 붓다가 창시한 불교는 아시아 전역에 걸쳐 가장 지배적인 종교가 되었고, 힌두교 등 다른 종교의 발전에 있어서도 중요한 역할을 했답니다.

불교의 팔정도를 도식화한 법륜

Gautama Buddha

출생 기원전 563년경 네팔 카필라바스투
업적 불교의 창시자
사망 기원전 483년경 네팔 쿠시나가라

생각 씨앗

깨달음과 종교적 실천은 어떤 관계일까?

새로운 선종을 창시한 도겐

도겐은 선종 불교의 한 분파인 조동종을 창시했어요. '여래장'과 관련된 역설에 대해 깊이 생각한 끝에 그는 불교의 본질이 실천에 있다는 결론을 내리게 되었답니다. '여래장'이란 우리 안에 이미 불심이 존재한다는 말이에요. 그런데 만약 그게 사실이라면 불교의 실천과 수련은 무슨 소용이 있는 걸까요? 여기에 도겐은 실천과 깨달음이 같다고 답했어요.

도겐은 깨달음을 얻기 위해 명상이나 독경, 의례 같은 종교 생활을 굳이 할 필요는 없다고 생각했어요. 사람들은 이미 실천 속에서 깨우치고 있다고 주장했는데, 이는 실천과 깨달음은 서로 다른 것이 아니고 완전히 같은 것이라는 뜻이었어요. 도겐은 무엇보다 참선의 중요성을 강조했어요. 불건전한 행동을 삼가고, 생사에 집착하지 않으며, 모든 중생에 연민을 가지고, 그 어떤 것도 배제하거나 갈망하지 않으면 붓다가 될 수 있다고 말했답니다.

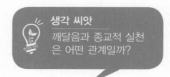

참선은 가부좌를 틀고 육체와 정신을 벗어 버리는 실천 방법이에요. 참선을 하는 동안에는 깨달음과 실천 사이에 어떤 틈도 없어요. 이것은 뭔가를 달성하기 위한 것이 아니고 목적 그 자체인 거예요. 도겐은 참선이 악을 부정하고 선을 생각하는 것이 아니고, 의식적인 노력도 아니니 참선으로 당장에 붓다가 되려고 하지는 말라고 했어요. 여기서 중요한 건 도겐의 불교가 끊임없는 노력과 헌신을 요구했다는 겁니다. 깨달음은 한 번의 경험을 통해 얻을 수 있는 것이 아니라 참선을 실천하는 삶의 방식이에요. 도겐이 승려들에게 내린 지시들은 매우 엄격했답니다. 도겐과 함께하는 승려들은 물질적 소유나 명성을 얻으려는 모든 욕구를 포기해야 하고, 절 밖 속세에 나가서는 안 되며, 타인을 험담하거나 싸우지 않고, 시키는 것은 무엇이든 해야 하고, 수수한 복장만을 입고, 참선을 해야 했어요.

道元

출생 1200년
일본 교토
업적 일본 선종 불교 조동종을 창시
사망 1253년
일본 교토

도겐은 내재된 불심을 일깨우는 데 있어 성별, 지위, 학식 등 그 어떤 장벽도 없다고 했어요. 그러나 불교적 삶에 대한 헌신에는 차이가 있다고 보았어요. 실제로 먹고사는 일상에 많은 시간을 빼앗긴다면 불교적 실천을 할 여력이 없을 테니까요.

도겐의 영향력은 오늘날까지도 이어지고 있답니다. 1253년, 그가 죽자 케이잔 조킨이 그의 가르침을 이어받아 많은 이들에게 전파했고 도겐의 조동종은 더욱 기반이 단단해졌어요. 현재 조동종은 일본의 양대 불교 종단 중 하나랍니다.

※ **조동종** 일본의 가장 큰 선종 분파로 명상의 방식으로 참선을 강조한다. 이는 머리로 생각하는 것을 넘어서 깨달음을 얻고자 하는 것이다.

생각 씨앗
모든 경험은 마음속에 존재한다!

의식의 철학자

바수반두

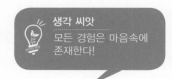

초기 불교의 가장 위대한 사상가 중 한 사람인 바수반두는 유일하게 세상에 존재하는 것은 의식뿐이라는 '유식론'에 몰두했답니다. 우리가 경험하고 개념화하는 모든 것들은 오로지 마음속에만 존재한다는 것이지요. 다시 말해 사람들은 각각의 감정적 기질, 과거 경험이나 유대관계, 기억 등에 따라 세상을 다르게 경험한다는 뜻이랍니다.

개인의 의식을 강조해서 주관적 관념론이라고도 불리는 바수반두의 사상에 대해 반론을 펼친다면 '세상이 우리의 경험을 결정한다'는 주장이 있겠지요. 예를 들어 아무런 변화를 주지 않고 같은 사물들로 구성된 어떤 장소를 다시 방문한다면 그 모습은 바뀌지 않았을 겁니다. 사람들은 한 사물을 비슷하게 보고, 같은 장소를 방문할 때는 이전과 비슷한 경험을 하는 게 보통이에요. 만약 외부에 객관적인 현실이 존재하지 않는다면 어떻게 이런 일이 가능할까요?

바수반두는 『유식이십론』에서 이에 대해 답했는데, 우리는 꿈속에서도 세상을 경험하고, 바깥 세계에 인식할 대상이 없어도 사람들은 같은 경험을 할 수 있다는 거예요. 그의 주장은 두 단계로 진행됩니다. 첫째, 지옥은 물리적이라기보다는 주관적 현실에 해당한다고 보았어요. 만약 지옥이 물리적 현실이었다면 고통을 주는 일을 담당하는 지옥 수호병들 스스로가 너무 많은 고통을 느낄 테니까요. 둘째, 그럼에도 불구하고 지옥에 떨어진 이들은 비슷한 경험을 한다는 거예요. 따라서 오로지 주관적으로만 존재하는 대상이라고 해도 여러 사람이 그것을 똑같이 경험할 수 있다는 결론이 나오게 되었답니다.

바수반두는 유식론이 불교의 사상과 동떨어져 있다는 비판을 받으리라는 걸 알고 있었어요. 하지만 그는 붓다의 말을 문자 그대로 받아들여야 한다고 생각하지 않았어요.

바수반두는 유식론을 입증하기 위해 깨달음을 얻은 사람들은 외적 세계가 존재하지 않는다는 것을 직접 이해할 수 있다고 주장했어요. 깨달음을 얻고 나면 외적 세계가 정신의 산물이라는 것을 알게 된다는 것이지요. 그래서 바수반두는 불교적 실천이란 의식의 흐름에서 세상의 더러움과 번뇌를 없애는 것을 목표로 해야 한다고 보았답니다.

Vasubandhu

출생 약 서기 4세기 파키스탄 페샤와르
업적 불교 철학 유식학파의 창시자
사망 서기 5세기경

7장

다른 종교

OTHER RELIGIONS

이교주의

공자

마하비라

노자

자라투스트라

애니미즘과 토착 종교들

Paganism 이교주의

이교도(異敎徒)란 다신교적 신앙을 버리지 않는 이들에 대한 용어로 고대 로마의 기독교인들이 사용하기 시작했는데, 중세에 이르러서는 아브라함 종교 이외의 모든 신앙을 의미했지요. 이교주의에는 어쩔 수 없이 부정적 의미가 내포될 수밖에 없었는데, 최근에는 자연의 신성을 기리는 여러 영적 사상들을 포괄하면서 그 의미에 변화가 생기기 시작했답니다.

이교주의에서 가장 흥미로운 사례 중 하나는 약 2천 년 전 켈트족 사회에 널리 퍼졌던 드루이드교예요. 드루이드는 해, 달, 별, 시냇물, 호수, 참나무, 겨우살이, 언덕 등을 포함해 많은 자연물을 숭배하는 다신교도였어요. 율리우스 카이사르의 『갈리아 전기』에 의하면 그들은 신성 경배와 제물 의식, 의례 문제의 해석에 신경을 썼다고 해요. 또 육신이 죽어도 영혼은 죽지 않고 다른 곳으로 옮겨 간다는 것이 주된 교리였지요. 고고학적 증거에 의하면 드루이드들은 켈트족 새해 축제 때 제단이나 사원에 석상들을 세웠답니다.

드루이드교는 서기 2세기경 기독교가 들어오면서 거의 종적을 감추게 되었어요. 하지만 18세기 낭만주의와 함께 드루이드교에 대한 관심이 되살아났고, 20세기 신이교주의의 성장에 힘입어 다시 나타나기도 했어요.

신이교주의 운동은 너무 광범위해서 규정하기가 쉽지 않아요. 하지만 본래의 드루이드들과 마찬가지로 신이교도들은 보통 자연을 경배하는 마음을 가지고 계절의 변화에 맞춰 그들의 의례 활동을 구성하는 경향이 있어요. 예를 들어, 신이교도 위칸들은 매년 2월 초에 '임볼크'라는 불의 축제를 연답니다. 임볼크라는 말은 재생과 관련이 있어요. 따라서 불의 축제는 집 안에 화롯불을 때고 촛불을 켬으로써 봄이 오는 것을 기리는 것이지요.

현재 이교도들의 신앙 수준을 가늠하기는 어려워요. 이교주의와 관련된 체제가 느슨할 뿐만 아니라 보편적으로 받아들여지는 정의조차 없으니까요. 최근 연구에 의하면 서구에서 약 30만 명의 사람들이 스스로를 신이교도로 간주하고 있다고 해요. 하지만 여기에는 이교주의와 거의 유사한 종교적 신앙을 가진 사람들은 포함되어 있지 않아서 실제는 훨씬 더 많은 사람들이 이교주의와 관련 있다고 생각돼요. 많은 토착 종교들은 자연의 신성함에 대한 이교주의 사상을 갖고 있고 뉴에이지 운동의 영적 탐험도 이교주의적 속성을 지니고 있답니다.

생각 씨앗
혼란스러운 세상을
어떻게 바로잡을까?

지혜의 원천

공자

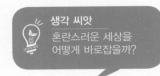

공자를 종교적 인물로 꼽을 수 있을지에 대해서는 논쟁의 여지가 있어요. 그를 기념하는 의식과 의례를 행하는 유교 사원들은 분명히 있지만 그렇다고 공자가 스스로를 신성하다고 주장한 적은 없으니까요. 공자는 신이나 초자연적인 것에 대한 어떠한 언급도 한 적이 없답니다. 그럼에도 불구하고 공자에게 영감을 얻은 유교는 2천 년 넘게 중국인의 일상을 지배해 왔어요.

공자는 주나라의 고대 봉건 체제가 몰락하고 봉건 국가들 사이에 전쟁이 난무하던 혼란의 시대에 살았어요. 정치 체제의 불안은 도덕적 부패로 이어졌답니다. 공자의 가르침은 이렇게 혼란스러운 상황을 극복하기 위한 시도였어요.

공자가 남긴 책들은 근대 종교·사회 사상들처럼 체계적이지는 않아서 여러 해석이 가능하답니다. 그렇지만 몇 가지 핵심적인 주제들을 뽑아 낼 수는 있어요. 이 중 가장 중요한 것은 인성을 기르는 일이지요. 공자는 일상생활 속에서 좋은 인성을 기른다면 사회는 자연스럽게 질서가 뒤따라오게 되어 있다고 믿었답니다. 공자의 핵심적인 도덕 개념은 '인(仁)'이랍니다. '인'이란 다른 이들을 충(忠)과 존중으로 대해야 온전히 인간다울 수 있다는 의미랍니다. 공자는 네가 당하고 싶지 않은 것을 남에게 하지 말라는 유명한 말을 남겼어요.

공자는 사적인 관계에서 선행을 하면 정치 사회적인 안정으로 이어지기 때문에 사적인 것은 공적인 것일 수 있다고 생각했어요. 만약 통치자들이 도덕적 삶을 위해 스스로의 행동을 바로잡는다면 백성들에게 좋은 귀감이 되겠지요. 여기에 적합한 의례와 조상들에 대한 공경, 그리고 음악과 시가 등이 결합되면 상호 존중과 평화적 안정에 기반한 사회를 만들 수 있다는 겁니다.

> **孔子**
>
> **출생** 기원전 551년 중국 산동성 취푸
> **업적** 유교의 형성에 영감을 줌
> **사망** 기원전 479년 중국 산동성

공자의 가르침은 중국 문화를 키워온 마르지 않는 샘이 되었답니다. 유교는 동아시아 전역에서 10억이 넘는 사람들의 삶에 영향을 미치는 사회·문화·종교·철학이라고 할 수 있어요.

中 신의성실

孝 부모에 대한 공경

君子 완벽한 인격자

仁 마음이 너그러움

禮 예의범절

理 사물의 이치

공자는 사회적 질서와 화합을 위해 사람들이 함양해야 할 덕목들을 밝혔다.

생각 씨앗
완전한 깨달음에
이르는 길은 무엇일까?

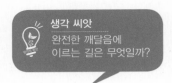

금욕적인 자이나교도 마하비라

마하비라는 자이나교의 마지막 티르탕카라, 즉 영적 깨달음을 얻은 사람이랍니다. 그는 자이나교의 마지막 선지자이자 개혁자로 기억되고 있어요. 자이나교는 속세의 모든 욕망을 포기함으로써 완전한 깨달음에 이를 수 있다고 믿어요. 이를 통해 영혼을 구속하는 업보를 제거하고 완전히 깨끗해진 니르자라를 이룰 수 있으며 비로소 해탈할 수 있다는 겁니다.

싯다르타 왕과 트리샬라 여왕의 아들로 태어난 마하비라는 서른 살에 속세를 등지고 극한의 금욕주의적 삶을 살기 시작했어요. 그에게는 옷도 집도 먹을 음식도 없었고, 욕설과 구타를 겪었으며, 인생의 대부분을 금식과 명상으로 지냈답니다. 이렇게 살면서 자이나교를 체계적으로 형성하게 된 것이지요.

마하비라는 해탈하고자 하는 자라면 다섯 가지 행동규범을 따르라고 했어요. 이 중 가장 흥미로운 것은 비폭력에 대한 거예요. 마하비라는 다른 생명체를 해치면 영혼의 영적 발전이 저해된다고 믿었답니다. 보통 자이나교도들은 어두워진 후 식사를 하지 않고 천으로 된 입 가리개를 하곤 하는데, 이는 혹시라도 살아 있는 생명체를 실수로라도 삼키지 않기 위해서랍니다. 또 걸을 때에는 벌레를 밟지 않기 위해서 세심하게 신경을 쓰지요. 다른 규범들 역시 금욕적이에요.

자이나교도들은 항상 진실하고, 무엇이든 훔치지 말아야 하고, 육체적으로 순결해야 하며, 물질계에 대한 모든 집착을 버려야 한답니다. 이 마지막 명령은 단순히 물질적 소유에 대한 집착만 버리는 게 아니라 친구와 가족까지 해당된다고 해요. 전하는 이야기에 따르면 마하비라는 영적 탐색을 시작하면서 아내와 자식, 그리고 가족들을 모두 버렸다고 합니다.

자이나교 윤리의 흥미로운 점은 엄격한 도덕규범에 따라 금욕적으로 살도록 요구하지만 다른 한편으로는 지극히 개인적인 영적 탐색이 중시되기 때문에 속세의 관심사들과 분리되어 있다는 거예요. 이슬람이나 시크교에서 찾아볼 수 있는 자선에 대한 언급도 없지요.

하지만 자이나교의 가장 중요한 유산은 무엇보다 비폭력, 즉 '아힘사'에서 찾아볼 수 있어요. 이것은 간디 사상의 중심이 되었고, 오늘날까지도 힌두교와 불교 전통에 있어 핵심적인 개념으로 남아 있답니다. 자이나교는 약 400명의 신자를 가진 인도의 위대한 고전 종교 중 하나로 오늘날까지 살아 숨 쉬고 있어요.

Mahavira Jayanti

출생 기원전 599년경 인도 크샤트리아쿤다그라마
업적 자이나교를 개혁하고 대중화
사망 기원전 527년경 인도 파바푸리

생각 씨앗
도(道)란 무엇일까?

도교의 창시자 노자

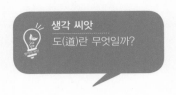

위대한 동양 고전 작품 중 하나인 『도덕경』은 역설로 가득하답니다. 이 책을 썼다고 알려진 노자 또한 존재 자체가 역설적이에요. 실제 인물이었는지 의심되기도 하니까요. 심지어 거의 2천 년간 노자의 작품이라고 알려져 있는 『도덕경』이 실제로 노자 혼자 쓰지 않았다는 견해도 있어요. 그러나 철학이자 종교인 도교의 창시자로 그의 이름은 기억되고 있답니다.

『도덕경』의 주된 내용은 올바른 통치 방법에 대한 것이랍니다. 노자는 정치적 목적을 위해 물리적 힘을 행사하는 것은 최선의 방법이 아니라고 주장했어요. 그는 통치자가 백성들을 지배하려고 들면 안 되며 백성의 마음을 이해하려고 노력해야 한다고 했어요. 그래서 백성과 화합하며, 때로 필요하다면 생각을 숨기기까지 해야 한다고 생각했어요. 그는 '유약승강강(柔弱勝剛强)', 즉 부드럽고 약한 것이 억세고 강한 것을 이긴다고 했지요. 노자는 사람들 위에 있고자 한다면 아래 사람에게 겸손하게 말하고, 그들을 이끌고자 한다면 스스로를 낮추라는 통치 철학도 주장했답니다.

노자는 '도(道)'의 개념을 반영한 일종의 '정적주의(靜寂主義)'를 내세웠어요. 정적주의란 종교에서 상황을 바꾸려고 하지 않고 있는 그대로 받아들여 평안을 얻고자 하는 것이지요. '도'라는 말은 두 가지 의미를 지닌답니다. 유교 사상에서 '도'란 인간이 행동함에 있어 마땅히 지켜야 하는 사람의 도리를 의미해요. 또 도교에서는 '도'의 개념이 더 넓어져서 우주 만물의 근원적 실재를 의미한다고 해요. 하지만 '도'가 정확히 무엇인지는 인간의 언어나 의식으로 표현할 수 있는 게 아니랍니다. 노자는『도덕경』에서 도를 도라 하면 참된 도가 아니며 무언가에 이름을 붙이면 참된 이름이 아니라고 했지요.

설명할 수도 묘사할 수도 없다면 '도'는 공허한 개념이 아닐까요? 이에 대해 도교에서는 무위(無爲)의 삶을 누리면 '도'에 대한 직관적 이해를 얻을 수 있다고 주장합니다. 이것을 노자의 통치 사상과 연결할 수 있어요. 아무런 간섭을 받지 않으면 우주는 스스로 조화롭게 돌아가게 되어 있으니 통치자들은 가능하면 무위(無爲)해야 한다는 것이지요.

역사적 인물로서의 노자는 그늘에 가려진 사람이에요. 하지만 노자는 중국 3대 종교의 하나이자 약 2천만 명의 신도가 있는 도교의 주창자로 기념되고 있답니다.

※ **도교** 종교이자 철학 사상인 도교에 있어 '도(道)'란 매우 중요한 개념인데, 말 그대로 '길' 혹은 '방법'을 뜻하지만 실제로는 더 복잡하고 추상적인 의미를 지니고 있다.

老子

출생 기원전 6세기
업적 도교의 주창자
사망 기원전 6세기

생각 씨앗
아후라 마즈다만이 유일한 신이다!

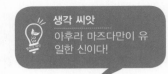

조로아스터교의 창시자 자라투스트라

조로아스터교는 잘 알려진 종교도 아니고 많은 신도들을 갖고 있지도 않아요. 인도와 이란을 중심으로 전 세계에 15만 명 정도가 조로아스터교를 믿고 있지요. 하지만 조로아스터교는 세상에서 가장 오래된 일신교, 즉 유일신을 믿는 사상이랍니다. 그래서 이후 출현하는 유대교나 기독교 사상에 큰 영향을 주었어요.

조로아스터교의 창시자인 자라투스트라는 기원전 1900년에서 기원전 600년 사이에 현재의 아프가니스탄인 박트리아에서 살았다는 것 외에는 알려진 바가 거의 없어요. 사실 '조로아스터'와 '자라투스트라'는 같은 말이에요. 앞의 것은 그리스어고, 뒤의 것은 페르시아어 이름이지요. 자라투스트라는 환영 속에서 '아후라 마즈다'를 만난 후 인생에 큰 변화를 겪게 되었답니다. 그는 아후라 마즈다가 천상계와 지상계를 모두 만들어 낸 자존적 창조자이며, 오로지 그만이 경배의 대상이 되어야 한다는 주장을 전파하기 시작했어요.

조로아스터교의 성서에 따르면 창조의 시기에 아후라 마즈다는 두 영혼을 창조했답니다. 선악을 택할 수 있는 자유 의지가 부여된 영혼들이었지요. 그중 한 영혼은 선(善)의 길을, 다른 영혼은 악(惡)의 길을 택했기 때문에 두 개의 왕국이 건설되었어요. 하나는 정의와 진리의 왕국이었고, 다른 하나는 거짓의 왕국이었다고 합니다.

자라투스트라에게 있어 인생이란 선과 악의 이원론적 투쟁이랍니다. 선은 진리이고 악은 거짓이지요. 그는 우리에게 아후라 마즈다의 길과 그와 대립하는 악의 신 '아리만'의 길, 둘 중 하나를 선택할 자유가 있다고 말했어요. 우리는 선택의 자유를 가졌기 때문에 운명에 대한 책임도 져야 한답니다. 때가 되면 내세에서 우리가 어떻게 살았는지 따져 보고 그에 따라 상벌을 정하는 최후의 심판이 있을 것이라고 자라투스트라는 생각했어요.

선악의 대립에 관한 자라투스트라의 사상은 프리드리히 니체의 유명한 책 『자라투스트라는 이렇게 말했다』에서 근대적 조명을 받게 됩니다. 하지만 니체는 도덕성을 재앙으로 여겼고, 전통적인 선악의 이해를 뒤집어놓기 때문에 그의 책을 읽을 때에는 주의를 기울여야 해요.

자라투스트라의 일신교는 이후 발생한 다른 일신교적 종교들의 발전에 크게 영향을 미쳤어요. 선악의 대립에 대한 그의 생각은 유대 기독교 전통과 비슷한 다른 사상의 출현과 관련이 있어요. 또 플라톤이나 아리스토텔레스와 같은 그리스 사상가들 역시 자라투스트라의 교리에 관심을 가졌다는 증거들이 있답니다.

Zarathustra

출생약 기원전 628년경
이란 라게스
업적 현존하는 가장 오래된 일신교인 조로아스터교의 창시자
사망 기원전 551년경
아프가니스탄 발흐

Animism and Native Religions
애니미즘과 토착 종교들

애니미즘이란 생물이든 무생물이든 자연의 모든 것에 영혼이나 정신이 깃들어 있다고 여기는 믿음이랍니다. 거대 일신교적 종교들은 신성한 것과 불경한 것, 즉 종교적 본질을 가진 것과 그렇지 않은 것을 확실히 구별해요. 하지만 애니미즘을 기반으로 하는 종교·문화적 전통은 좀 다릅니다. 동물, 식물, 하늘, 강, 산들이 모두 종교적 의미를 갖고 있거든요.

애니미즘은 많은 토착 사회들의 특징적 세계관이랍니다. 하지만 그런 공동체들의 신념이나 관습이 반드시 종교적이지는 않아요. 신성한 것과 불경한 것 사이의 경계가 없는 세상에서는 종교라고 부를 것이 아예 없으니까요. 따라서 토착 종교들에 대해 이야기할 때에는 공동체와 자연계 사이의 관계를 규정하는 그들의 신념을 존중해야 해요.

일본의 토착 종교인 신토(神道)는 많은 신과 영(靈)을 가진 다신교예요. 태양의 여신 아마테라스도 있고, 산이나 시냇물, 오래전 죽은 마을의 장로, 한때는 당대의 천황이 포함되기도 했어요. 신토의 의례와 관습들은 이러한 신들을 기리고 그들의 화를 피하는 것에 중점을 둔답니다. 신토 사원에 음식물을 바친다든지, 의례를 지킨다든지, 계절의 변화를 기리는 축제를 연다든지, 죽음 또는 질병에 대해 정화하는 의례를 준비한다든지 말이에요. 20세기 후반이 되자 스스로를 신토 교도로 여기는 사람들의 수는 줄어들었어요. 근대화의 물결이 시작된 이래 세계의 토착 종교들이 압박을 받은 것은 보편적 현상이지요.

미국 원주민들의 종교는 특히 심각했답니다. 아메리카 대륙에 유럽인들이 도착하면서 원주민의 의례, 의식, 담화 등의 전통들이 모두 파괴되었어요. 그러다가 미국 원주민들의 전통적 영성과 기독교적 영향을 결합한 미국 원주민 교회가 등장하게 되었지요. 미국 원주민 교회는 오늘날 미국 안에서 가장 큰 토착 종교가 되었답니다.

하지만 아직도 근대와 전통 사이의 긴장은 사라지지 않고 있어요. 특히 성지와 성유물의 소유권을 둘러싼 분쟁에서 잘 드러나지요. 미국 원주민들은 성지와 성유물들이 강력한 초자연적 힘과 연관되어 있다고 믿기 때문에 적절한 의례로써 다루어야 한다고 생각해요. 전통주의 미국 원주민은 이런 유물들이 제멋대로 박물관으로 옮겨졌기 때문에 박물관 관련자들과 그 유물을 관리할 책임이 있었던 부족들 모두 해를 입을 거라고 생각한답니다.

애니미즘은 자연 그대로의 것이라면 성스러운 것과 불경한 것 사이에 차이가 거의 없다고 여겨요. 따라서 모든 사물은 종교적 숭배의 대상이 될 가능성을 가지고 있는 셈이지요.

인덱스